Susana y Javier en España

SECOND EDITION

Carol Wasserman, Ph.D.
Professor of Spanish
Borough of Manhattan Community College of CUNY

Marvin Wasserman
Former Chairman of the Department of Foreign Languages
Susan E. Wagner High School, Staten Island, New York

D1570512

AMSCO SCHOOL PUBLICATIONS, INC.
315 Hudson Street, New York, N.Y. 10013

Other Amsco books by Marvin and Carol Wasserman
Curso primero
Curso segundo
Curso tercero
Prosa moderna del mundo hispánico
Susana y Javier en Sudamérica

Cover and Text Design by MERRILL HABER
Cover and Text illustrations by Tony D'Adamo

When ordering this book, please specify:
either **R 686 P**
or SUSANA Y JAVIER EN ESPAÑA, SECOND EDITION

ISBN 978-1-56765-478-3

NYC Item 56765-478-2

Updated reprint 2007

5 6 7 8 9 10   11 10 09 08 07

Preface

Taking into account that there have been many changes in Spain since the first edition was published, we have endeavored to treat our readers to the Spain of the twenty-first century. We have also extended our itinerary all the way to the Mediterranean Sea: to the cosmopolitan city of Barcelona.

Although this new text contains more chapters than the former one, each chapter has been shortened to provide a more concentrated aspect of the country. All tenses except the present are glossed in the first twenty lessons, in case the teacher wishes to start the reader early in Level I.

The exercises gradually increase in level of difficulty and are varied to provide for individual differences. They also allow the students to relate another culture to their own lives or expand upon them. We have introduced the "cliffhanger" type of exercise to stimulate interest among the students. An examination of the exercises will reveal ample opportunity to challenge the students' different linguistic abilities. The dialogue exercises reflect the communicative approach to language learning, enabling the students to be as creative as they wish.

Footnoted vocabulary and difficult structures and phrases are now glossed in the margin to make for more rapid comprehension of the reading. The vocabulary always starts on the top right of the page and is listed in order of appearance. The section on *Vocabulario y Modismos* has been eliminated not to impose any stringent requirements on the students, all of whom differ greatly with respect to their ability to learn vocabulary (and language in general). We therefore leave this aspect of language learning to the teacher and/or his or her students.

Our experiences with the first edition of *Susana y Javier en España* have been very exciting, especially since our students do not take too long to realize who the protagonists really are. And we were gladdened to find out that students in the latter part of the twentieth century can relate to the adventure of two adults. We look forward to the renewal of this relationship.

—The Authors

Contents

Capítulo 1
Otra vez a España

Hola, amigos. Soy Susana Rivera y quiero presentarles a mi marido Javier. Los dos somos profesores de español y nos gusta mucho viajar. Todos los veranos *hacemos un viaje* a Europa, donde visitamos varios países. Pero nos gusta *más* España, que tiene muchos *lugares* de interés y costumbres interesantes. Especialmente preferimos hablar español con los *habitantes*, y cada vez que vamos allí aprendemos cosas nuevas.

Hoy es el treinta de junio. Javier y yo partimos mañana para España en un *vuelo* de Iberia, la línea aérea de España. Tenemos que hacer nuestros preparativos para el viaje varias semanas antes de *la partida. No hay que* olvidar los pasaportes, los *cheques de viajero,* y la ropa necesaria para las diferentes regiones de España.

Hacemos nuestras maletas, y ya estamos *listos* para el viaje. Javier dice que tenemos que llegar tres horas antes del *vuelo* porque quiere *evitar* posibles complicaciones y especialmente porque no le gustan las *largas filas* de *pasajeros* que esperan delante del *mostrador de revisión.* Yo le pregunto todos los años a Javier si tenemos que llegar tres horas antes del vuelo, y él me contesta siempre que es necesario. Yo creo que Javier *se preocupa demasiado.* ¿Qué creen Uds., *queridos lectores*?

hacemos un viaje we take a trip
más most
lugares places
habitantes inhabitants
vuelo flight
partida departure
no hay que... one must not
cheques de viajero travelers' cheques
hacemos... maletas we pack our suitcases
listos ready
evitar avoid
largas... pasajeros long lines of passengers
mostrador de revisión check-in counter
se preocupa demasiado worries too much
queridos lectores dear readers

EJERCICIOS

A. Cierto o falso. Tell whether each of the following sentences is true or false according to the story. Write **cierto** if true and **falso** if false. If the sentence is false, rewrite it to make it true.

1. Javier es la esposa de Susana.
2. Susana y Javier van a Sudamérica en el verano.
3. El país favorito de Susana y Javier es España.
4. Susana y Javier van a España en coche.
5. A Susana no le gusta esperar mucho tiempo delante del mostrador de revisión.
6. Javier cree que es necesario llegar temprano al aeropuerto.
7. Susana se preocupa mucho antes del vuelo.

B. Sinónimos. Find a synonym (a word that has the same meaning) in the chapter for each of the words in italics.

1. Roberto y José son *compañeros.*
2. Felipe es *el esposo* de María.
3. Francia y España son *naciones* de Europa.
4. *Debemos* hacer nuestras tareas todos los días.
5. *Es necesario* estudiar mucho.
6. Mi padre *desea* comprar un coche.
7. ¿*Piensan* Uds. que el español es fácil?

C. Antónimos. Find an antonym in the chapter (a word that means the opposite) for each word in italics in the following sentences.

1. Hay *pocos* libros en esa biblioteca.
2. *Aquí* hay mucha gente.
3. En esta calle hay muchas casas *viejas.*
4. En mi casa miramos la televisión *después de* la comida.
5. *Detrás del* edificio hay muchos árboles altos.
6. Ellos *nunca* llegan temprano.

D. Resumen. Rearrange each of the following sentences to form a summary of the chapter.

1. Susana y Javier deben llegar temprano al aeropuerto.
2. Es necesario tener pasaportes para el viaje.
3. Susana y Javier son profesores de español.
4. Susana cree que su marido se preocupa mucho.
5. Los dos hacen sus maletas para el viaje.
6. Es el 30 de junio.
7. Susana y Javier hacen sus preparativos para el viaje.
8. Susana y Javier aprenden cosas nuevas en España.
9. Susana y Javier hacen un viaje a Europa cada verano.
10. Los personajes principales de este libro son Susana y Javier.

Capítulo 2
¿Dos asientos al pasillo?

— Vamos, Susana; no quiero llegar tarde al aeropuerto.

— Javier, el avión parte en cuatro horas. ¿Por qué *tienes tanta prisa*?

— No me gusta *hacer cola*. Y no quiero *perder* el avión.

— Vamos a ser los primeros en llegar al aeropuerto.

— *Mejor así*. Susana, ¿tienes los pasaportes y los billetes?

— *No te preocupes*. Los tengo en mi bolsillo.

Javier y yo tomamos un taxi para ir al aeropuerto y, *como de costumbre*, llegamos tres horas antes del vuelo. Y, como de costumbre, somos los primeros en llegar. El agente *revisa* nuestros pasaportes y billetes y nota que los dos tenemos *asientos al pasillo*.

— Veo que Uds. no se sientan *juntos*— dice el agente. —¿No quieren *cambiar de asiento*?

— No, gracias, señor. Siempre viajamos así. Preferimos asientos al pasillo.

— *De acuerdo*, señora. *Les deseo un buen viaje.*— El agente *pesa nuestras maletas, les pone etiquetas,*

tienes tanta prisa are you in such a hurry

hacer cola to stand in line

perder to miss

mejor así better that way

No te preocupes Don't worry

como de costumbre as usual

revisa looks over

asientos al pasillo aisle seats

juntos together

cambiar de asiento to change seats

de acuerdo okay, fine

Les deseo... viaje Have a good trip

pesa nuestras maletas weighs our suitcases

les...etiquetas puts tags on them

y las maletas desaparecen para no aparecer otra vez *hasta nuestra llegada* a Madrid.

— Susana, ¿qué pasa si nuestras maletas no aparecen en Madrid? Tú sabes que eso es posible.

— Otra vez te preocupas. Sí, es posible, pero no muy probable.

Como llegamos tan temprano al aeropuerto, tenemos que esperar mucho tiempo hasta *abordar* el avión. Pasamos el tiempo observando a los otros *viajeros*, leyendo revistas, *paseando* y charlando.

— Javier, ¿oyes el *anuncio? Es hora de* abordar el avión.

— Por fin. ¡Ay, Dios mío. Hay tanta gente *haciendo cola.*

— No te preocupes. Ya tenemos *las tarjetas de embarque*, con los asientos indicados.

Cuando subimos al avión, *nos saluda una azafata* muy simpática. Pronto encontramos nuestros asientos. Como los dos preferimos asientos al pasillo, *yo me siento* detrás de Javier. Algunos pasajeros nos miran *de un modo muy extraño*. Pero *ya estamos acostumbrados a* esto.

hasta nuestra llegada until our arrival
abordar boarding
viajeros travelers
paseando strolling
anuncio announcement
Es hora de It is time to
haciendo cola standing on line
tarjetas de embarque boarding passes
nos saluda greets us
azafata hostess
yo me siento I sit
de un modo muy extraño in a very strange way
ya... a we're already used to

EJERCICIOS

A. Choose the correct answer based on the chapter.

1. A Javier no le gusta
   (a) ser el primero en llegar al aeropuerto.
   (b) tener los pasaportes.
   (c) hacer cola.

   2. Susana y Javier van al aeropuerto
   (a) en taxi.
   (b) en avión.
   (c) en tren.
   3. ¿Quiénes llegan temprano al aeropuerto?
   (a) los otros turistas
   (b) Susana y Javier
   (c) Susana y el agente
   4. ¿Qué hace el agente?
   (a) Pone una etiqueta en las maletas.
   (b) Pesa a Susana y Javier.
   (c) Se sienta con Susana y Javier.
   5. ¿Quiénes observan a los otros viajeros?
   (a) Susana y Javier
   (b) Javier y el agente
   (c) los otros turistas
   6. Para abordar el avión, es necesario
   (a) leer revistas.
   (b) saludar a la azafata.
   (c) tener las tarjetas de embarque.

B. Definiciones. Find the Spanish word or expression in the text that best fits the description given.

   1. lugar donde tomamos el avión
   2. máquina que vuela
   3. parte de los pantalones y las chaquetas donde ponemos billetes, tarjetas, etc.
   4. antónimo de "separados"
   5. antónimo de "tarde"
   6. tantas personas
   7. antónimo de "delante de"
   8. sinónimo de "una manera"

C. Diálogos. Choose the logical response. At your teacher's direction, you may work in pairs, one student making the statement or asking the question and the other giving the response.

1. Tú tienes mucha prisa.
   (a) No quiero perder el avión.
   (b) Y tengo mucha hambre.
   (c) La azafata es muy simpática.
2. ¿Dónde tienes los pasaportes?
   (a) en el avión
   (b) en mi bolsillo
   (c) en casa
3. ¿Por qué no quieren Uds. sentarse juntos?
   (a) Lo preferimos así.
   (b) Queremos ver al piloto.
   (c) No nos gusta volar.
4. Las maletas van a desaparecer.
   (a) Estoy muy alegre.
   (b) ¡Qué horror!
   (c) Vamos a comer algo.
5. Es hora de abordar el avión.
   (a) Pues, vamos a hacer cola.
   (b) Ahora podemos salir del aeropuerto.
   (c) Hola, Javier.

Capítulo
3
¡Abróchense los cinturones, por favor!

— Buenas tardes, señoras y señores. *Bienvenidos a bordo. Les habla el capitán*, Raúl Fernández. Nuestro destino es Madrid. El vuelo es de seis horas y media y *volaremos* a una altitud de nueve mil metros, *o sea*, treinta mil pies. Esperamos que el viaje *les será muy cómodo. Les informo* que en este vuelo no se permite fumar. Y, ahora, hagan Uds. el favor de *abrocharse los cinturones*. Esperamos *despegar* dentro de cinco minutos.

— ¿Sabes, Susana, que mi único problema durante este vuelo es tener que *volverme* si quiero hablarte?

— Es verdad. Y, si yo quiero hablarte, tengo que *golpearte en la espalda*. Ah, parece que vamos a despegar. Adiós, Nueva York.

Durante el vuelo tratamos de dormir, pero es muy difícil. La película que *ponen* no es muy *divertida*, y, *en vez de* mirarla, los dos tratamos de leer o escuchar música por *los auriculares*. La comida que se sirve es *bastante* buena. Como nadie se sienta *a mi lado*, yo puedo *tenderme* ocupando los dos asientos. Pero, el pobre Javier no puede

Bienvenidos a bordo Welcome aboard

Les... el capitán This is the captain speaking.

volaremos we will fly

o sea that is

les... cómodo will be very comfortable for you

abrocharse los cinturones fasten your seat belts

despegar to take off

volverme to turn around

golpearte... espalda hit you on the back

ponen they are showing

divertida enjoyable

en vez de instead of

auriculares headsets

bastante fairly, quite

a mi lado next to me

tenderme stretch out

hacer *lo mismo,* porque el asiento a su lado está ocupado. ¡*Qué suerte tengo yo*!

— Atención, pasajeros. Les habla el capitán Fernández. Favor de abrocharse sus cinturones. Vamos a tener un poco de turbulencia. *Lo sentimos,* pero no va a durar mucho tiempo.

Afortunadamente la turbulencia termina en cinco minutos y todo vuelve a lo normal.

— ¿Cómo te sientes, Susana, después de la turbulencia?

— Me siento bien, pero, cinco minutos más, y *sería otra cosa.*

— Atención, pasajeros. Dentro de media hora vamos a *aterrizar* en el aeropuerto de Barajas. En Madrid son las siete de la mañana y la temperatura es de treinta grados Celsius, o sea ochenta y seis grados Fahrenheit.

— ¡Qué curioso, Susana. *Salimos* de Nueva York a las siete de la tarde y ahora son las siete de la mañana. Debemos *adelantar* nuestros relojes porque hay una diferencia de seis horas.

— La diferencia debe ser sólo cinco horas, pero muchos de los países de Europa tienen dos *horas de verano* para conservar la electricidad.

— Buena idea— contesta Javier. —¿Por qué no lo hacemos en los Estados Unidos?

— Las costumbres son *difíciles de cambiar.*

lo mismo the same thing

¡Qué... yo! How lucky I am!

Lo sentimos We are sorry

sería otra cosa it would be something else

aterrizar to land

salimos we left

adelantar set ahead

horas de verano daylight-saving time

difíciles de cambiar hard to change

EJERCICIOS

A. Choose the correct answer to each question about the chapter.

1. ¿Quién es Raúl Fernández?
   (a) un amigo de Javier
   (b) el piloto del avión
   (c) uno de los pasajeros
2. ¿De dónde sale el avión?
   (a) del aeropuerto
   (b) de la calle de Susana y Javier
   (c) de Madrid
3. ¿Qué hacen Susana y Javier durante el vuelo?
   (a) Ven la película.
   (b) Oyen música.
   (c) Hablan con el piloto.
4. ¿Por qué no puede tenderse Javier?
   (a) Alguien está sentado a su lado.
   (b) No está muy cansado.
   (c) Quiere comer.
5. ¿Por qué tienen que abrocharse los cinturones los pasajeros?
   (a) Hay turbulencia.
   (b) Van a comer.
   (c) El capitán va a hablar con ellos.
6. ¿Dónde va a aterrizar el avión?
   (a) en el centro de Madrid
   (b) en el aeropuerto Kennedy
   (c) en Barajas
7. ¿Por qué tienen los pasajeros que adelantar sus relojes?
   (a) No es la misma hora en Madrid.
   (b) Hay dos horas de verano en Europa.
   (c) No lo hacen en Nueva York.

B. **Resumen.** Fill in the blanks to form a summary of the chapter. Each blank space represents a word. Your teacher may ask you to memorize the summary for extra credit.

1. El vuelo a Madrid va a durar _____ _____ .
2. Los pasajeros tienen que _____ _____ _____ .
3. Susana se sienta _____ _____ Javier.
4. Durante el vuelo Susana y Javier no pueden _____ y por eso
   _____ y _____ _____ .

5. Hay un poco de _____ pero dura _____ _____ .
6. Van a _____ en _____ donde la _____ es _____
   _____ y _____ _____ .
7. Los pasajeros tienen que _____ sus _____ a causa de la
   _____ de _____ _____ .

C. **Definiciones.** Find the Spanish word or expression in the text that best fits the description given.

   1. período de sesenta minutos
   2. sinónimo de «confortable»
   3. período de sesenta segundos
   4. antónimo de «fácil»
   5. antónimo de «alguien»
   6. antónimo de «se levanta»
   7. las personas que viajan en el avión
   8. antónimo de «empieza»
   9. treinta minutos
   10. sitio donde los aviones aterrizan
   11. miramos esto para saber qué hora es
   12. necesario para tener luz, televisión, etc.

Capítulo
4
¿Adónde van, señores?

— Vamos, Javier. No quiero *hacer cola en* el control de pasaportes. A veces *hay que esperar* mucho tiempo.

— ¿Y ahora quién tiene prisa?

No tenemos que esperar mucho en el control de pasaportes. El inspector dice que todo está en orden.

— *Bienvenidos* a España — dice el inspector.

— Gracias— decimos los dos *a la vez*.

— Y ahora tenemos que buscar nuestras maletas en *la sala de equipajes*.

— Pues, vamos a seguir *los letreros* para encontrar la sala de equipajes.

Puesto que el aeropuerto de Barajas es muy moderno, los equipajes salen en *una correa transportadora*. Como la mayor parte de los turistas, Javier y yo estamos muy *preocupados*, esperando encontrar nuestras maletas. Sabemos que a veces *se pierden* maletas. Por fin, después de esperar diez minutos, vemos la maleta de Javier, pero no vemos *la mía*.

hacer cola ante stand in line in front of

hay que esperar you have to wait

Bienvenidos Welcome

a la vez at the same time

la sala de equipajes the baggage claim room

letreros signs

Puesto que since

correa transportadora conveyor belt

preocupados worried

se pierden are lost

la mía mine

— ¡Ay!, ¿dónde está mi maleta?

— *Cálmate*, Susana. Pronto va a salir. Ah, ahí está.

Hay *un trámite* más, *los aduaneros*, y luego vamos a buscar un taxi para llevarnos a nuestro hotel en el centro de Madrid. Hay muy poca formalidad con los aduaneros, quienes *nos dejan pasar* sin problema. Hay suficientes taxis en el aeropuerto y encontramos uno en seguida.

— Buenos días, señores. ¿Adónde van?— pregunta el taxista.

— Al Hotel Coloso, Calle Leganitos . . . pero no recuerdo el número.

— Lo conozco muy bien, señora. Está en *el centro mismo* de Madrid. ¿De dónde son Uds.?

— Somos de Nueva York— contesta Javier.

— ¿Piensan Uds. quedarse mucho tiempo en Madrid?

— Por lo menos una semana. Y luego vamos a hacer una excursión en coche a varios lugares del país.

— Señora, Ud. y su marido hablan muy bien el español.

— Gracias, señor. Como somos profesores de español, creemos que es necesario hablar bien.

— Ah, Uds. son profesores de español. Mi *sobrina* enseña inglés en un *instituto* aquí en Madrid. Uds. tienen algo en común, ¿verdad? Pero ahora llegamos a su hotel.

— ¿Cuánto *le debemos*? — pregunta Javier.

— Son 22,50 euros.

— Aquí tiene Ud. 25 euros. *Quédese con la vuelta.*

— Gracias, señor. *Que pasen un buen rato* en Madrid.

Cálmate Calm down
trámite step, procedure
aduaneros customs officers
nos dejan pasar let us pass
en el centro mismo right in the center
sobrina niece
instituto high school
le debemos do we owe you
Quédese con la vuelta Keep the change
Que pasen... rato Have a good time

— Adiós, hasta luego— decimos al mismo tiempo.

— Javier, no es necesario dejar una propina.

— Lo sé, pero el taxista *era* muy amable.

(en el hotel)

— Buenos días, señores. ¿Tienen Uds. *reserva*?— pregunta el recepcionista del hotel.

— Sí, señor, *a nombre de* Rivera. Tenemos una reserva para siete noches.

— Voy a ver— dice el recepcionista, que *revisa el ordenador*. —Rivera, Rivera . . . No encuentro su nombre para esta fecha. ¿Cuándo *hicieron Uds.* la reserva?

— En Nueva York, *hace un mes*, por teléfono. ¿Está Ud. seguro de que nuestra reserva no está en la computadora?— pregunta Javier.

— Sí, señor. Su nombre *no aparece*.

— ¡Ay, Dios mío!— gritamos los dos. —¿Qué vamos a hacer?

era was

reserva reservation (In Spanish America, **reservación** is used)

a nombre de in the name of

revisa looks through

ordenador computer (**computadora** in Spanish America)

hicieron Uds. did you make

hace un mes a month ago

no aparece does not appear

EJERCICIOS

A. Each of the following statements is false according to the chapter. Rewrite the statements correctly in Spanish.

1. Javier no quiere esperar ante el control de pasaportes.
2. El inspector va a buscar sus maletas en la sala de equipajes.
3. La maleta de Susana sale primero.
4. Susana y Javier no pueden encontrar un taxi para ir a Madrid.
5. El Hotel Coloso está al lado del aeropuerto.
6. Susana y Javier van a quedarse unos meses en Madrid.
7. La sobrina del taxista enseña en una escuela de Nueva York.

8. El taxista recibe 22,50 euros.
9. El recepcionista del hotel encuentra el nombre de Rivera muy fácilmente en el ordenador.

B. **Vocabulario y resumen.** Complete each blank with a word taken from the chapter.

1. Ante el control de pasaportes Susana tiene _____ .
2. Los dos van a buscar sus _____ en la _____ de _____ .
3. El taxi va a _____ a Susana y Javier a su hotel.
4. Susana y Javier van a _____ una semana en Madrid.
5. Susana y Javier quieren hacer un viaje en _____ por España.
6. Javier es el _____ de Susana.
7. La _____ del taxista es profesora.
8. Javier le da al taxista una _____ .
9. Susana y Javier tienen una reserva para cierta _____ .
10. El recepcionista tiene los nombres de los clientes en el _____ .

C. **Diálogos.** Choose the logical response for each sentence. You may work in pairs, if your teacher wishes.

1. No me gusta hacer cola.
   (a) Tú estás muy impaciente.
   (b) El inspector es muy simpático.
   (c) España es un país grande.
2. Las maletas están en la sala de equipajes.
   (a) Vamos a comer allí.
   (b) Me gusta hacer cola.
   (c) Pues, vamos a buscarlas.
3. Ahora tenemos que buscar un taxi.
   (a) Podemos comer en este restaurante.
   (b) No hay problema. Hay muchos.
   (c) No me gustan los autobuses.
4. ¿Uds. van a quedarse mucho tiempo en esta ciudad?
   (a) Sí, nos gusta mucho su taxi.
   (b) No, Ud. no es muy simpático.
   (c) Sí, hay mucho que ver y hacer aquí.

5. Uds. me deben 30 euros.
   (a) Aquí tiene Ud. el dinero. Hasta luego.
   (b) No quiero pagar esa suma.
   (c) Ud. no merece el dinero.
6. Buenas tardes, señores. ¿En qué puedo servirles?
   (a) No importa.
   (b) Buenas tardes y adiós.
   (c) Buenas tardes. Tenemos una reserva en este hotel.

D. What do you think happened to our friends' reservation? Without reading the next chapter, try to guess what occurred. You may discuss this in English or Spanish as directed by your teacher.

Capítulo
5
¿Dónde está el oso?

— Señor, ¿puede Ud. *revisar* otra vez, por favor?— pregunto yo.

— Vamos a ver. Rivera, Rivera . . . Oh, aquí está. El problema es que su reserva es para el 2 de julio.

— Pero claro, hoy es el 2 de julio — dice Javier.

— ¡Ay, perdón, señores! Uds. tienen razón. Una habitación doble *dando a la calle. Hagan Uds. el favor de entregarme* sus pasaportes y de firmar esta *tarjeta.* (al *mozo*) Pablo, *lleva* a estos señores a la habitación cuatrocientos cinco.

El mozo nos conduce al *ascensor.* Primero nos lleva a nuestra habitación y luego nos trae nuestras maletas.

— *¡Qué habitación más grande!* ¿Verdad, Javier?

— Sí, y es muy cómoda también. Pero, como es temprano, vamos a *dar un paseo* un rato, y luego, durante la siesta, podemos descansar un poco.

— De acuerdo. Vamos a bajar.

— Hola, señores — dice el recepcionista.
—¿Necesitan Uds. *un plano* de Madrid?

— Gracias, pero *no nos hace falta.* Conocemos Madrid muy bien.

revisar to check
dando a la calle facing the street
hagan... entregarme please hand me
tarjeta card
mozo bellboy
lleva take
ascensor elevator
¡Qué... grande! What a big room!
dar un paseo take a walk
plano city map
no nos hace falta we do not need it

— Perfecto. Pero, si necesitan ayuda, *avísenme*. Hasta luego, entonces.

— Susana, tú dices que no necesitamos el plano. Entonces, tú vas a llevarnos primero al *oso*.

— Muy fácil. Sólo hay que ir a la Puerta del Sol. El oso está *allí mismo*.

La Puerta del Sol es una plaza de Madrid donde empiezan muchas calles. *Alrededor de* esta plaza hay varios tipos de tiendas, restaurantes y cafés donde *se pueden encontrar* los famosos *churros con chocolate*. *A eso de* las cinco de la tarde esta plaza está llena de mucha gente que viene a tomar *la merienda*, que generalmente consiste en *un aperitivo* o una comida *ligera*, o *a menudo*, churros con chocolate.

La Puerta del Sol *no queda* muy lejos del hotel, y, *camino de* la plaza, pasamos por El Corte Inglés, el gran *almacén* de Madrid que tiene *sucursales* en varias ciudades de España. Dentro de cinco minutos llegamos a la Puerta del Sol. El oso no es un oso *verdadero*. Es *una escultura* de un oso y un árbol, dos figuras que aparecen en *el escudo de armas* de Madrid.

— Susana, ¿dónde está el oso? No lo veo.

— No sé. ¿Cómo es posible? Vamos a preguntarle a esta persona.

— Por favor, señor, ¿dónde está el oso?

— Perdón, señora, ¿qué oso?

— El famoso oso de la Puerta del Sol.

— Ah, sí. Ese oso. Pues, *lo han trasladado* a esa *esquina*, porque *estorbaba la circulación de los coches*.

— Muchas gracias, señor. (A Javier) Vamos a la esquina para ver al oso.

avísenme let me know

oso bear

allí mismo right there

alrededor de around

se pueden encontrar you can find

churros con chocolate donut-like pastries with hot chocolate

a eso de at about

merienda late-afternoon snack

aperitivo aperitif

ligera light

a menudo often

no queda is not

camino de on the way to

almacén department store

sucursales branches

verdadero real

escultura sculpture

escudo de armas coat of arms

lo han trasladado they have moved it

esquina corner

estorbaba... coches it obstructed traffic

— Allí está— dice Javier. —El mismo oso y el mismo
árbol, pero en otro lugar. Vamos a saludarlo.

 EJERCICIOS

A. Choose the answer based on the chapter.

1. ¿Qué clase de habitación tienen Susana y Javier?
   (a) para dos personas
   (b) para toda una familia
   (c) para una sola persona
2. ¿Quién pide los pasaportes?
   (a) Susana
   (b) el mozo
   (c) el recepcionista
3. ¿Quién es Pablo?
   (a) el recepcionista
   (b) el mozo
   (c) un amigo de Susana
4. ¿Quién lleva las maletas a la habitación?
   (a) el mozo
   (b) Javier
   (c) Susana
5. ¿Por qué bajan a la calle Susana y Javier?
   (a) para descansar un poco
   (b) para andar un rato
   (c) para buscar algo de comer
6. ¿Dónde está el oso?
   (a) en la Puerta del Sol
   (b) en el hotel
   (c) al lado del hotel
7. ¿Dónde se puede encontrar churros con chocolate?
   (a) en una tienda de la Puerta del Sol
   (b) en un café del hotel
   (c) en la Puerta del Sol

8. ¿Qué es El Corte Inglés?
   (a) una tienda grande de Madrid
   (b) un hombre famoso de España
   (c) el nombre del oso
9. ¿Por qué no pueden encontrar al oso Susana y Javier?
   (a) Está en otro sitio.
   (b) Ya no está en la Puerta del Sol.
   (c) No existe.

B. **Sinónimos.** Find a synonym (a word that has the same meaning) in the chapter for each of the words in italics.

1. Deseamos *un cuarto* para dos personas.
2. Tomamos *el elevador* para subir al quinto piso.
3. *Nuestros equipajes* son muy grandes.
4. Este cuarto es *enorme*.
5. Esta casa es muy *confortable*.
6. Vamos a descansar y *después* podemos visitar a nuestros amigos.
7. *Está bien*. Vamos al cine.
8. No *necesitamos* un plano.
9. *Es necesario* comer para vivir.
10. Las clases *comienzan* a las ocho.
11. Aquí hay *muchas personas*.
12. *Muchas veces* vamos al parque por la tarde.
13. *Los carros* de esas familias son nuevos.
14. Este *sitio* es muy famoso.

C. **Antónimos.** Find an antonym (a word that has the opposite meaning) in the chapter for each of the words in italics.

1. Los libros están *allí*.
2. Vivimos en una casa muy *pequeña*.
3. Llegamos a casa muy *tarde*.
4. Voy a *subir* a mi habitación ahora.
5. Este examen es muy *difícil*.
6. Las clases *terminan* a las tres de la tarde.

7. La tienda está *vacía* durante la siesta.
8. Estamos *cerca del* edificio.
9. No puedo *contestarle* a la profesora.

D. Dramatics. Your class may work in groups of three people to practice acting out the last part of the chapter beginning with "**— Susana, ¿dónde está el oso?**" The teacher may elect a panel of students (who are not participating) to judge which group did the best job.

Capítulo 6
¡Tan deliciosos como siempre!

— Tengo hambre. Vamos a comprar unos churros.

— Javier, ¿no recuerdas que los churros *van acompañados de* chocolate? Vamos a entrar en este café.

— Buenas tardes, señores. *¿En qué puedo servirles?*

— Dos *raciones* de churros con dos chocolates.

— En seguida, señores — dice el camarero.

— Ah, los churros están tan deliciosos como siempre. ¿Verdad, Susana?

— Sí, y *todavía engordan*.

— No es un problema para nosotros, que somos delgados.

Como estamos sentados *al aire libre*, podemos observar a la gente que pasa. *Como se acerca la hora de la siesta*, muchas personas *se dan prisa* para volver a sus casas para descansar o dormir, aunque en Madrid y en otras ciudades grandes la siesta *está desapareciendo poco a poco*.

— ¿Cuánto *le debo*, señor?— le pregunta Javier al camarero.

— Son 3 euros.

van acompañados de go with

¿En...servirles? What can I do for you?

raciones portions

todavía engordan they still make you fat

al aire libre outdoors

como...siesta since the siesta is approaching

se dan prisa are hurrying

está...poco is slowly disappearing

le debo do I owe you

— *Aquí tiene Ud.* quinientas 0,15 euro.

— Muchas gracias, señores. Adiós y *que pasen un buen día*.

En España, como en muchos otros países del mundo, no es necesario *dejar una propina* porque está incluida en el precio de la comida. Sin embargo, un cliente puede dejar una pequeña *cantidad* si lo desea. Por eso Javier deja 0,15 euro más.

Después de dejar el café, decidimos dar un paseo por la Gran Vía, una avenida muy ancha donde hay toda clase de tiendas, restaurantes, cines, hoteles, vendedores al aire libre y, *claro*, como en todas las ciudades modernas del mundo, *demasiada circulación* de coches y autobuses que produce mucha contaminación del aire.

— Javier, todos estos coches y autobuses hacen tanto ruido, *igual que* en Nueva York.

— Todas las ciudades grandes del mundo son iguales. Madrid no es diferente. *Hay que acostumbrarse a* esto. Estamos aquí para *pasar un buen rato*.

— Cada vez que venimos a Madrid vemos nuevas tiendas y restaurantes. En este *escaparate* hay ropa muy bonita. Vamos a entrar.

— No es posible, Susana.

— ¿Por qué?

— Porque . . .

Aquí tiene Ud. here is (are)
que...día have a nice day
dejar una propina leave a tip
cantidad amount
claro of course
demasiada circulación too much movement
igual que the same as
Hay que acostumbrarse a you have to get used to
pasar un buen rato to have a good time
escaparate store window

EJERCICIOS

A. Cierto o falso. Tell whether each of the following sentences is true or false, according to the story. Write **cierto** if true and **falso** if false. If the sentence is false, rewrite it to make it true.

1. Javier quiere comer churros.
2. Susana les sirve churros y chocolate a Javier y al camarero.
3. Javier es delgado y Susana es gorda.
4. Susana y Javier miran a las personas que pasan.
5. Durante la siesta la gente regresa al trabajo.
6. Javier le paga al camarero 3 euros.
7. Después de salir del café, Susana y Javier andan por un rato.
8. La circulación de las personas es la causa de la contaminación del aire.
9. Susana y Javier están en Madrid para divertirse.
10. Susana quiere comprar ropa en un restaurante de la Gran Vía.

B. **Definiciones.** Find the Spanish word or expression in the text that best fits the description given.

1. lugar donde se toma café, té, chocolate, etc.
2. inmediatamente
3. el mozo
4. antónimo de «gordos»
5. regresar
6. unidad monetaria de España
7. persona que entra en un café, una tienda, etc.
8. calle grande
9. en estos sitios se ven películas
10. vehículos privados
11. vehículos públicos
12. divertirse

C. **Resumen.** Rearrange the following sentences so that they form a summary of the chapter. Your teacher may ask for volunteers to memorize and recite the summary to the class.

1. Al salir del café, andan por la Gran Vía.
2. Mientras toman los churros con chocolate, miran a las personas que pasan.
3. Susana quiere entrar en una tienda de ropa, pero no puede.

4. Hablan del ruido y de la contaminación del aire causados por los coches y los autobuses.
5. Les gustan mucho los churros.
6. Susana y Javier entran en un café para tomar churros con chocolate.
7. Cuando terminan, le pagan al camarero.
8. Javier le deja al camarero una pequeña propina.
9. Muchas de estas personas van a casa para tomar una siesta.

D. Why do you suppose Susana and Javier cannot enter the clothing store? Choose one of the following and then read the next chapter to find out what actually occurs.

1. A causa de la siesta la tienda está cerrada.
2. La tienda está cerrada en el verano.
3. La tienda está en obras (under construction).

E. Can you think of a better title for this chapter? You may elect a panel of judges to choose the best title given. Unless, of course, you want your teacher to be the judge!

Capítulo 7

¿Cómo quiere Ud. pagar?

— . . . la siesta va a empezar y están *cerrando* las puertas.

— ¡Qué lástima! Pero El Corte Inglés no cierra durante la siesta. Vamos a entrar un rato para *refrescarnos* y para ver las *gangas*. Los *maniquíes* de los escaparates casi parecen humanos.

— Susana, aquí en *la planta baja* hay unos artículos de *piel*. *A ver* si puedo encontrar *una cartera*. Hay una gran selección. ¿Cuál te gusta?

— Pues, todas son bonitas, pero creo que *ésta te conviene*. *¿Qué te parece?*

— Tienes razón. Y cuesta sólo 15 euros.

— Buenas tardes, señores. ¿Puedo ayudarles?— pregunta una *dependienta*.

— Sí, señorita. Quiero comprar esta cartera.

— Buena *elección*. Está *rebajada*. El precio original era 24 euros. Espere Ud. un momento. Voy a *envolverla*. ¿Cómo quiere Ud. pagar, *en efectivo*, con *tarjeta de crédito* o por cheque?

— Uds. aceptan cheques de viajero, ¿no?

— Por supuesto. Pero necesita darme alguna identificación.

cerrando closing

refrescarnos cool off

gangas bargains

maniquíes mannequins

planta baja ground floor

piel leather (skin)

a ver let's see

cartera wallet

ésta te conviene this one suits you

¿Qué te parece? What do you think?

dependienta clerk, saleswoman

elección choice

rebajada marked down

envolverla wrap it

en efectivo in cash

tarjeta de crédito credit card

— Aquí tiene Ud. mi *permiso de conducir*.

— Perfecto, señor. Firme el cheque aquí. Y aquí tiene Ud. la *vuelta* y su cartera. Muchas gracias y adiós.

— Adiós, señorita.— (a Susana) —Y ahora, qué vas a comprar?

— Necesito buscar unos regalos para nuestras *sobrinas* y algunas amigas. Pero, puede ser otro día.

— Como es la hora de la siesta, vamos a imitar a los españoles y *echar una siesta*.

permiso de conducir driver's license
vuelta change
sobrinas nieces
echar una siesta take a nap
Me encantan I love
no hemos visto we haven't seen
quizás perhaps

Mientras volvemos al hotel, notamos que la ciudad está un poco más tranquila a causa de la siesta.

— Javier, tenemos que visitar el Museo del Prado antes de salir de Madrid. *Me encantan* las pinturas que se exhiben allí.

— Y también tenemos que visitar el Museo Nacional Centro de Arte Reina Sofía, que contiene obras de arte que *no hemos visto* antes.

— *Quizás* mañana por la tarde. Y ahora, al hotel. Yo . . .

— ¡Señores Rivera! ¿qué hacen Uds. aquí en Madrid?

— ¡Ay, mira , Javier, es . . .

EJERCICIOS

A. Each of the following statements is false according to the chapter. Rewrite the statements correctly in Spanish.

1. Durante la siesta Susana y Javier entran en la tienda de ropa.
2. Los maniquíes de El Corte Inglés saludan a Susana y Javier.
3. Susana quiere comprar una cartera de piel.
4. La cartera cuesta 24 euros.
5. Javier va a envolver la cartera para Susana.

6. Pagan con una tarjeta de crédito.
7. Como identificación, Javier presenta una foto de su padre.
8. Unas amigas de Susana quieren comprarle unos regalos.
9. Los españoles van a imitar a Susana y Javier echando (by taking) una siesta.
10. El hotel está muy tranquilo durante la siesta.
11. Los dos quieren visitar un solo museo.

B. **Vocabulario.** Fill in each blank with a word taken from the chapter.

1. Los españoles descansan durante la _____ .
2. Esta camisa cuesta poco dinero. Es una _____ .
3. Tengo veinte dólares en mi _____ .
4. La _____ quiere ayudarnos a seleccionar un abrigo.
5. El suéter está _____ . Sólo cuesta 30 euros ahora.
6. ¿Puedo _____ con un cheque?
7. La hija de mi hermana es mi _____ .
8. Podemos pasar la noche en un _____ .
9. Se exhiben muchas pinturas en ese _____ .
10. La tienda está abierta por la mañana, por la _____ y por la noche.

C. **Resumen.** Find the correct phrase in column B that best completes each incorrect statement in column A, and then write the full sentence.

A	**B**
1. Están cerrando las puertas de las tiendas porque	puede ser otro día.
2. Susana y Javier entran en	por 15 euros.
3. Allí buscan	la siesta va a empezar.
4. Javier compra una cartera	El Corte Inglés.
5. Antes de pagar con un cheque de viajero	visitar el Museo del Prado.
6. Susana quiere comprar más cosas, pero	artículos de piel.
7. Susana dice que quiere	el Museo Nacional Centro de Arte Reina Sofía.
8. Javier quiere visitar	tiene que dar alguna identificación.

D. Who do you think meets our friends on the street? Without looking at the next chapter, try to guess who it is. Hint: It's a young American teen-ager.

E. Diálogo original. Using the dialogue between Javier and the clerk in *El Corte Inglés*, create an original dialogue of your own, changing words and people wherever possible. For example, the dialogue could start as follows:

DEPENDIENTE: **Buenos días, señorita. ¿En qué puedo servirle?**

DOROTEA: **Quiero comprar esta blusa. ¿Cuánto cuesta?**

You may work in pairs if your teacher wishes you to.

Capítulo 8
¡Qué sorpresa!

. . . tu alumno Jack Smith.

— Hola, Jack. ¡Qué sorpresa! ¿Qué haces aquí en Madrid?

— ¿No recuerda Ud. que estoy pasando un año en España viviendo con una familia *madrileña?*

— Ah, sí, ahora lo recuerdo. Pero, ¡*qué bien* hablas español!

— Pues, nadie en la familia habla inglés. *Por eso* tengo que hablar siempre en español.

— Ésta es *la única manera* de aprender una lengua— dice Susana. Así *aprendí yo* inglés cuando fui a vivir a Nueva York.

— Y yo también— *añade Javier.* —Tengo una idea. ¿Qué haces mañana por la tarde?

— *Déjeme* pensar. Estoy libre toda la tarde. ¿Por qué?

— Quieres acompañarnos al Museo del Prado? Y si tenemos tiempo, podemos ir también al Centro de Arte Reina Sofía.

— ¡Qué magnífica idea. Me encantan estos dos museos. ¿Puedo llevar a Elena?

madrileña from Madrid
¡qué bien! how well!
por eso therefore
única manera only way
aprendí yo I learned
añade adds
déjeme let me

— ¿Quién es Elena?— pregunto yo.

— Es la hija de la familia Sánchez. Ésta es la familia con que vivo aquí en Madrid.

— ¡Cómo no! *Tenemos muchas ganas de conocerla.* Aquí tienes el número de teléfono de nuestro hotel. Llámanos si hay algún problema. Y danos tu número de teléfono también.

— Aquí lo tiene. ¿Dónde y a qué hora *nos encontramos*?

— En este mismo lugar, *digamos* a las dos de la tarde.

— De acuerdo. Hasta mañana, entonces, señores Rivera.

— Hasta mañana, Jack.

(al día siguiente)

— Hola, señores Rivera. Ésta es Elena Sánchez.

— *Mucho gusto en conocerte*, Elena. Soy Javier Rivera, y ésta es mi esposa Susana.

— *Encantada de conocerlos*, señores Rivera. Jack siempre habla de Uds.

— Pues, vamos al Museo del Prado— dice Javier. —*No queda muy lejos*. Podemos *llegar andando*. Desde la Puerta del Sol tomamos *la Carrera de San Jerónimo* hasta *el Correo*, y luego cruzamos la avenida y *doblamos* a la derecha.

— De acuerdo. Siempre nos gusta visitar el Museo del Prado— dice Jack.

Al llegar al Museo, notamos que hay muy poca gente delante del museo. En la puerta principal del museo hay un letrero que dice . . .

Tenemos... conocerla. We would really like to meet her.

nos encontramos shall we meet

digamos let's say

mucho gusto en conocerte very pleased to meet you

encantada de conocerlos delighted to meet you

No queda muy lejos. It's not very far.

llegar andando walk there

la Carrera ... San Jerónimo a street leading from la Puerta del Sol

el Correo the post office

doblamos we turn

EJERCICIOS

A. Choose the correct answer to each question based on the chapter.

1. ¿Quién es Jack Smith?
  (a) un amigo de Susana
  (b) un estudiante de Javier
  (c) un madrileño

2. ¿Por qué Jack habla bien el español?
  (a) Lo habla con la familia madrileña.
  (b) Es español.
  (c) No le gusta hablar inglés.

3. ¿Qué tiene que hacer Jack mañana por la tarde?
  (a) Debe ayudar a la familia en casa.
  (b) Tiene que volver a casa.
  (c) No tiene nada que hacer.

4. ¿A qué invitan a Jack?
  (a) a visitar dos museos
  (b) a estar libre
  (c) a ver a Elena

5. ¿Con quiénes vive Jack en Madrid?
  (a) con unos estudiantes madrileños
  (b) con una familia madrileña
  (c) con Susana y Javier

6. ¿Quiénes quieren conocer a Elena?
  (a) Javier y Jack
  (b) Jack y Susana
  (c) Susana y Javier

7. ¿Cómo llega el grupo al Museo del Prado?
  (a) en taxi
  (b) en tren
  (c) a pie

8. ¿Qué ven cuando llegan al museo?
  (a) No hay muchas personas allí.
  (b) Hay un grupo de turistas delante del museo.
  (c) Varias personas cruzan la avenida.

B. **Definiciones.** Find the Spanish word or expression in the text that best fits the description given.

1. una habitante de Madrid
2. lengua hablada por los españoles
3. el día después de hoy
4. sin nada que hacer
5. edificio donde se exhiben pinturas y otras obras de arte
6. padre, madre, hijos
7. aparato para hablar a larga distancia
8. sitio
9. antónimo de «a la izquierda»
10. antónimo de «detrás de»
11. por aquí se entra en la casa

C. **Resumen.** Fill in the blanks to form a summary of the chapter. Each blank space represents a word. Your teacher may ask you to memorize the summary for extra credit.

1. Susana y Javier se encuentran con _____ _____ en Madrid.
2. Jack vive _____ _____ _____ en Madrid.
3. Jack habla español muy bien porque _____ con la _____ siempre en _____ .
4. Javier invita a _____ a _____ al _____ con ellos.
5. Jack acepta pero quiere _____ a _____ , la _____ de la _____ _____ .
6. Van a encontrarse _____ en el _____ _____ a las _____ _____ _____ _____ .
7. Al _____ _____ Jack presenta a _____ a _____ y _____ .
8. Las dos parejas van hacia el _____ del _____ , pero ven un _____ .

D. **Diálogos incompletos.** The following unrelated dialogues are incomplete. Supply the missing role in each one.

1. ¿Qué hacen Uds. aquí en Nueva York?

   _____

2. Mañana vamos al cine. ¿Quieres acompañarnos?

   _____

3. Este museo es magnífico.

   _____

4. Señor. Éste es mi amigo Raúl Vargas.

   _____

5. ¿Qué hago si no puedo ir mañana?

   _____

E. What do you think the sign on the museum says? Choose one of the following possibilities and then check with the beginning of the next chapter.

   1. cerrado por obras
   2. cerrado durante el verano (for the summer)
   3. cerrado hasta mañana por la tarde

Capítulo
9
Un ascensor exterior

. . . CERRADO POR OBRAS.

— ¡Ay, qué desastre!— grita Javier.

— Lo siento mucho, señores. *Se me ha olvidado* que el museo está cerrado— dice Elena.

— Pues, vamos al Centro de Arte Reina Sofía— digo yo. —Hay unas exhibiciones que *parecen* muy interesantes.

— Y no queda muy lejos— añade Elena. Me encanta ese museo.

— Espero que *esté* abierto— dice Jack.

— Vamos a ver— dice Javier.

Afortunadamente el museo está abierto, pero tenemos que *hacer cola* por media hora.

— Hay tanta gente aquí— comenta Javier.

— Es porque El Prado está cerrado y hay muchos turistas aquí en Madrid— contesta Elena.
—Pero, creo que *vale la pena esperar*.

— ¿Saben Uds., señores Rivera, que este museo *era* originalmente un *antiguo* hospital?— pregunta Elena.

cerrado por obras closed for construction

se me ha olvidado I have forgotten

parecen seem

esté it is

hacer cola to stand in line

vale...esperar it's worthwhile to wait

era was

antiguo ancient, old

— Pero, parece ser tan moderno— digo yo.

— Y noten que hay un ascensor *al lado del* edificio— dice Jack. —Interesante, ¿verdad?

— Muy interesante— comenta Javier —y fascinante también.

Pasamos dos horas en el museo yendo de una sala a otra y admirando las magníficas obras de arte. Pero, *lo más interesante* del museo es «Guernica», una de las más famosas pinturas de Pablo Picasso. Este cuadro representa la ciudad de Guernica, en el norte de España, que fue destruida por los *alemanes* en un *bombardeo aéreo*, durante la Guerra Civil Española. Este cuadro está detrás de *un cristal antibalas*.

— La pintura está bien *protegida*— dice Javier.

— Oh, sí—contesta Elena. —Es *de mucho valor y hay que protegerla*.

— Creo que *es hora de* salir del museo porque va a cerrar pronto— dice Jack.

— Vamos a bajar por el ascensor exterior— dice Elena.

— Y luego vamos a tomar un refresco.

— Buena idea, señora— dice Jack. —Conozco un buen café muy cerca de aquí.

— ¿Está bien, Javier?

— ¡Sí, *cómo no!* Tengo mucha sed.

— Y yo también — añade Elena.

— Entonces, vámonos *ahora mismo*— dice Javier.

Pasamos un rato en el café, hablando de las pinturas del museo, y especialmente de «Guernica». Javier y yo le hacemos preguntas a Jack acerca de sus experiencias en Madrid.

— ¿Cómo encuentras Madrid, Jack?

al lado del next to

lo más interesante the most interesting thing

alemanes Germans

bombardeo aéreo air bombing

un cristal antibalas a bullet-proof glass

protegida protected

de mucho valor very valuable

hay que protegerla it must be protected

es hora de it's time to

¡cómo no! why not!

ahora mismo right now

Me parece It seems to me

vosotros...muy bien you get along very well

Así parece So it seems.

será it will be

han visto have seen

— Magnífico, señora. Y *los madrileños* son muy sim-   **los madrileños**
páticos, especialmente la familia Sánchez. Me   the people of
tratan muy bien.   Madrid

— Y nosotros creemos que tú también eres muy simpático, Jack — dice Elena.

— ¡Ajá! *Me parece* que *vosotros os lleváis* muy bien.

— Sí, señora. Somos muy buenos amigos.

— *Así parece.*

— Otro día tenemos que visitar el Museo del Prado—
dice Javier.

— No sé si *será* posible este verano — dice Elena.
Como Uds. *han visto*, están haciendo obras porque
quieren modernizar el edificio y van a instalar un
nuevo sistema de aire acondicionado.

— ¡Qué lástima!— dice Jack. —Uds. saben que este
museo es uno de los más famosos del mundo porque
contiene unas magníficas colecciones de arte.

— Quizás el verano próximo, entonces— digo yo.

— Y ahora, ¿quieren Uds. acompañarnos al hotel?

— Sí, señor, y luego Elena y yo podemos tomar el autobús para regresar a casa.

Mientras caminamos hacia el hotel, oímos un ruido en el
cielo. Y dentro de unos momentos . . .

EJERCICIOS

A. Choose the correct answer based on the chapter.

  1. ¿Por qué no puede el grupo visitar el Museo del Prado?
    (a) No está abierto.
    (b) Javier no quiere visitarlo.
    (c) No es muy interesante.

2. ¿Dónde está el otro museo?

   (a) en otra ciudad

   (b) detrás del Museo del Prado

   (c) cerca del Museo del Prado

3. ¿Cuánto tiempo esperan las dos parejas para entrar en el museo?

   (a) treinta minutos

   (b) un cuarto de hora

   (c) casi una hora

4. ¿Qué hacen en el museo?

   (a) Admiran a los turistas.

   (b) Ven algunas obras de arte.

   (c) Hablan con Guernica.

5. ¿Por qué está protegida Guernica?

   (a) Es muy famosa.

   (b) Viene del norte de España.

   (c) Vale mucho.

6. ¿Por qué van los amigos a un café?

   (a) para tomar algo de beber

   (b) para descansar

   (c) para ver a unos amigos

7. ¿Qué hacen en el café?

   (a) Discuten las obras de arte.

   (b) Hablan con Guernica.

   (c) Hablan de sus experiencias en Madrid.

8. ¿Qué pasa en el Museo del Prado?

   (a) Hay muchos turistas.

   (b) Lo hacen más moderno.

   (c) Se instalan nuevas obras de arte.

9. ¿Quiénes van al hotel?

   (a) sólo Susana y Javier

   (b) Elena y Jack

   (c) todo el grupo

B. **Antónimos.** Find an antonym in the chapter (a word that means the opposite) for each word in italics in the following sentences.

   1. ¿Está *abierto* el edificio?

   2. Hay *pocos* estudiantes en esta clase.

3. Este programa de televisión es muy *aburrido*.
4. Vamos a viajar al *sur* de Francia.
5. *Delante de* mi casa hay un árbol muy alto.
6. ¿Qué le *pregunta* el profesor a la clase?
7. ¿A qué hora van a *abrir* la tienda?
8. Hay que *subir* por la escalera.
9. El museo está *lejos de* la escuela.
10. La muchacha hace su tarea muy *mal*.
11. Ese hombre es muy *antipático*.
12. Juan y Felipe son *malos* estudiantes.
13. En el *invierno* vamos a viajar.
14. Siempre *corremos* por el parque.

C. **Resumen.** Rearrange the following sentences so that they form a summary of the chapter. Your teacher may ask for volunteers to memorize and recite the summary to the class.

1. Encuentran muy interesante el cuadro llamado *Guernica*.
2. El Museo del Prado está cerrado por obras.
3. Javier dice que quiere visitar el Museo del Prado en otra ocasión.
4. En el café Jack dice que le gusta mucho Madrid.
5. Al salir del museo, deciden tomar un refresco en un café.
6. Elena explica que este museo era originalmente un hospital.
7. Tienen que hacer cola porque hay mucha gente.
8. Después de salir del café, Jack y Elena acompañan a Susana y Javier a su hotel.
9. Se quedan dos horas en el museo.
10. Por eso deciden ir al Centro de Arte Reina Sofía.

D. What is going on in the sky? Without reading the next chapter, guess which of the following completes the last sentence of this chapter. The reward for correct guessing may be decided by the teacher.

1. . . . ven unos pájaros grandes que están volando.
2. . . . empieza a llover.
3. . . . oyen un escuadrón (squadron) de aviones volando.

E. The authors couldn't think of a better title for this chapter. Can you think of a better one? You and your classmates may choose a panel of judges to choose the best title from among those that are made up.

Capítulo
10
Don Quijote y Sancho Panza

. . . empieza a *llover a cántaros*.

— ¡Ay!— grita Susana. —¿Qué vamos a hacer? No
tenemos paraguas.

— *No se preocupe*, señora— dice Elena. —Estas
lluvias de verano no duran mucho tiempo. Dentro
de poco tiempo la lluvia va a *parar*. Entretanto
vamos a buscar refugio debajo de este *toldo*.

Elena tiene razón. Dentro de diez minutos la lluvia para
y continuamos nuestra marcha hacia el hotel.

— Gracias por *habernos acompañado* esta tarde,
amigos. Espero *veros* pronto otra vez— dice
Javier.

— *Ha sido* un gran placer— contesta Jack.

— Y para mí también— añade Elena.

— Tú tienes nuestra dirección en Nueva York,
Jack— digo yo. —Escríbenos a menudo, pero al
final del verano.

— No se preocupen Uds., señores. Siempre pienso
en Uds.

— Pues, adiós y hasta la próxima vez — dice Javier.

**llover a
    cántaros** rain
    cats and dogs
No se preocupe
    don't worry
parar to stop
toldo awning
**por habernos
    acompañado**
    for having
    accompanied
    us
veros see you
Ha sido It has
    been

— Hasta luego— contestan Elena y Jack juntos.

— *Qué pareja más simpática*, ¿verdad, Susana?

— Sí, son muy amables.

— Buenas tardes, señores Rivera— dice el recepcionista del hotel. —¿Cómo *han pasado* la tarde?

— Pues, sólo *visitamos* el Centro de Arte Reina Sofía porque el Prado *estaba* cerrado por obras.

— Es verdad, señora. Creo que pronto *va a abrirse* otra vez. Pero, el otro museo es muy interesante también.

Después de un descanso de una hora y media, Javier y yo decidimos *dar una vuelta* a la Plaza de España, donde muchos madrileños *se reúnen* a todas horas del día. En el centro de la plaza están las famosas estatuas de Don Quijote y Sancho Panza, los personajes principales de la famosa novela *Don Quijote de la Mancha* de Cervantes. También hay un garaje debajo del parque.

— Javier, vamos a sentarnos un rato en este banco debajo de este árbol grande para protegernos del sol.

— Y desde aquí podemos ver las estatuas y también podemos ver jugar a los niños.

Javier y yo pasamos una semana en Madrid paseando, comprando cosas y visitando a unos amigos.

— Javier, antes de salir de Madrid, hay un lugar más que tenemos que visitar.

— Y yo sé lo que es. El . . .

Qué...simpática What a nice couple

han pasado have you spent

visitamos we visited

estaba was

va a abrirse it's going to open

dar una vuelta to take a walk

se reúnen get together

EJERCICIOS

A. Choose the correct answer based on the chapter.

1. ¿Por qué grita Susana?
   - (a) No puede encontrar refugio.
   - (b) No tiene paraguas.
   - (c) La lluvia dura mucho tiempo.
2. ¿Adónde va el grupo después de la lluvia?
   - (a) al museo
   - (b) al café
   - (c) al hotel
3. ¿Quiénes son amables?
   - (a) Jack y Elena
   - (b) Elena y Susana
   - (c) Javier y Jack
4. ¿Quién saluda a Susana y Javier cuando entran en el hotel?
   - (a) el recepcionista
   - (b) el mozo
   - (c) el señor Rivera
5. ¿Qué hacen Susana y Javier después de descansar?
   - (a) Van a otro museo.
   - (b) Hablan con el recepcionista.
   - (c) Dan un paseo.
6. ¿Quiénes están en la Plaza de España?
   - (a) personas de Madrid
   - (b) unos amigos de Susana y Javier
   - (c) Javier y el recepcionista del hotel
7. ¿Quién fue (was) Cervantes?
   - (a) una estatua famosa
   - (b) un amigo de Sancho Panza
   - (c) el autor de una novela
8. ¿Qué hacen Susana y Javier para protegerse del sol?
   - (a) Se sientan debajo de un árbol.
   - (b) Juegan con los niños.
   - (c) Se acercan a las estatuas.

B. Definiciones. Find the Spanish word or expression in the text that best fits the description given.

1. nos protege contra la lluvia
2. estación del calor
3. compañeros
4. gusto
5. número de la casa
6. solamente
7. trabajos
8. lugar donde se exhiben pinturas
9. personas de Madrid
10. sitio donde se ponen los coches
11. no adultos

C. Resumen. Find the correct phrase in column B that best completes each incomplete statement in column A, and then write the full sentence.

A	**B**
1. Susana grita porque llueve y	van a casa.
2. El grupo busca refugio	visitan a unos amigos.
3. La lluvia para	al hotel.
4. Luego van	las estatuas de Don Quijote y Sancho Panza.
5. Después Jack y Elena	debajo de un toldo.
6. Al entrar en el hotel, Susana y Javier	no tiene paraguas.
7. Susana y Javier descansan un rato y luego	en un banco debajo de un árbol.
8. En la Plaza de España están	hablan con el recepcionista.
9. Susana y Javier se sientan	en poco tiempo.
10. Durante su semana en Madrid	van a la Plaza de España.

D. Give a logical response to each comment.

1. No me gusta la lluvia. Además (besides), no tengo paraguas.
2. Uds. tienen mi dirección en Madrid, ¿verdad?
3. Ellos son muy amables.
4. Vamos a la Plaza de España.
5. Quiero sentarme en un banco.

E. Okay. What do you suppose Susana wants to visit before they leave Madrid? Hint: It is a place one would often take a child to.

Capítulo 11
Canguros y cebras también

. . . zoo.

— ¡Correcto! Como estamos libres esta tarde, podemos ir después de la siesta.

— De acuerdo.

Para ir al zoo, tomamos el autobús y llegamos dentro de poco tiempo. El Parque Zoológico de Madrid tiene una construcción estupenda. Tiene pequeños *terrenos y lagos* para los animales, y *flechas* que indican la ruta por el zoo. Esta ruta se llama el «circuito principal». También hay varios *bares y aseos*.

— Susana, vamos a ver las jirafas que comen de *cestas* altas.

— Y luego vamos a ver los monos, los osos, los elefantes, los leones y los *renos*. Es interesante ver los letreros que contienen el nombre de cada animal con una descripción de su vida, su *extensión* y un mapa de las zonas del mundo donde vive en libertad.

— *Leyendo* estos letreros, *se aprende* mucho *sobre* todos los animales.

terrenos y lagos terrains and lakes
flechas arrows
bares refreshment stands
aseos restrooms
cestas baskets
renos reindeer
extensión life expectancy
leyendo by reading
se aprende you learn
sobre about

— Vamos a ver los canguros y las cebras, que me
encantan.

— Muy bien. Pero es imposible ver todos los animales en un día. Recuerda que mañana salimos
de Madrid y tenemos que *hacer nuestras maletas*.

— Y tenemos que llamar a la agencia de coches
para *asegurarnos* de que tienen nuestro coche
reservado.

hacer nuestras maletas pack our suitcases

asegurarnos make sure

dejarme let me have

espectáculo show

firme Ud. sign

le va a gustar you're going to like

(al día siguiente)

— Buenos días, señor. ¿En que puedo servirle?

— Tengo un coche reservado a nombre de Rivera—
contesta Javier.

— Vamos a ver. Ah, aquí tengo su reserva. ¿Por
cuánto tiempo quieren Uds. el coche?

— No estoy seguro, dice Javier. — Vamos a visitar
varias ciudades.

— De acuerdo. Haga el favor de *dejarme* su pasa-
porte, su tarjeta de crédito y su permiso de conducir. ¿Va Ud. a devolver el coche a esta oficina?

— No, señor. Desde La Coruña pensamos tomar el
avión para Pamplona para ver *el espectáculo* de
los toros. Por eso vamos a dejar el coche en La
Coruña.

— ¿Pamplona? Pero, señor . . . Oh, perdón.

En ese momento el teléfono suena y el agente inte-
rrumpe su conversación con Javier para hablar con otro
cliente por unos minutos. Al terminar su conversación, le
dice a Javier:

— Perdone Ud. la interrupción, señor Rivera. *Firme
Ud.* aquí, por favor. Creo que *le va a gustar* el

coche. Es casi nuevo y tiene *un portaequipaje bastante amplio.*

— Exactamente lo que necesitamos, porque tenemos muchas maletas.

— El coche está estacionado en la calle al lado de nuestra oficina. ¿Necesita Ud. mapas?

— Sí, un plano de Madrid y un mapa de *carreteras* de España. Y, por favor, ¿puede Ud. indicarme *la ruta más fácil* para salir de Madrid?

— Con mucho gusto. Va hacia La Coruña, ¿no?

— Sí, señor.

— Pues, al llegar al final de esta calle, *doble* a la derecha y *vaya* por la Avenida José Antonio, *o sea* la Gran Vía. Al llegar a la Plaza de España, *siga todo derecho.* La Avenida José Antonio *cambia de nombre* y se llama Calle Princesa. Siga todo derecho hasta salir de la ciudad, y va a ver los letreros que indican Segovia, Ávila y El Escorial. Ésa es la ruta de la Coruña.

— Muchas gracias, señor.

— Señor Rivera, tengo que preguntarle algo muy importante. ¿Sabe Ud. conducir un coche con transmisión manual? Yo sé que en los Estados Unidos *la mayoría* de los coches vienen con transmisión automática. *Por eso* pregunto, para estar seguro.

— No se preocupe, señor. Mi primer coche *tenía* transmisión manual y cada verano *alquilo* coches en Europa.

— Pues, *le deseo* un buen viaje.

— Muchas gracias. Hasta luego, entonces.

Al llegar al coche Javier ve que . . .

un portaequipaje ...amplio quite a large trunk
carreteras highways
la ruta más fácil the easiest route
doble turn
vaya go
o sea or rather
siga todo derecho go straight ahead
cambia de nombre changes its name
la mayoría the majority
por eso that's why
tenía had
alquilo I rent
le deseo I wish you
plano map

 **EJERCICIOS**

A. Preguntas. Answer the following questions in complete Spanish sentences.

(To the student: Until now, you have not been asked to answer in full sentences. In answering these questions, be careful not to lift the answers directly from the text since very often they are based on what the characters are saying in a direct quote. For example, in answering question 2, do not say **"Tomamos el autobús."** And, likewise, in answering question 6, do not say **"Mañana salimos de Madrid y tenemos. . ."**)

1. ¿Cuándo van al zoo Susana y Javier?
2. ¿Cómo llegan al zoo?
3. ¿Dónde viven los animales en el zoo?
4. ¿Cómo comen las jirafas?
5. ¿Dónde se lee la descripción de cada animal?
6. ¿Por qué no pueden Susana y Javier pasar más tiempo en el zoo?
7. ¿Adónde va Javier para conseguir el coche?
8. ¿Por qué le debe gustar a Javier el coche?
9. ¿Qué quiere saber Javier antes de salir de la agencia de coches?
10. ¿Por qué le pregunta el agente a Javier si sabe conducir un coche con transmisión manual?

B. Vocabulario. Fill in each blank with a word taken from the chapter.

1. Durante la _____ muchas tiendas quedan cerradas.
2. Ese _____ nos conduce a los elefantes.
3. Después de las clases los alumnos tienen su _____ .
4. Antes de hacer un viaje, hacemos las _____ .
5. Sin _____ Uds. no pueden tener una habitación en un hotel.
6. Para viajar a Europa necesitamos un _____ .
7. Ud. no puede conducir el coche sin _____ _____

   _____ .
8. El _____ es un medio (means) de comunicación.
9. El señor López es un _____ muy importante en esta tienda.

10. Vamos a poner las maletas en el _____ del coche.
11. Para ayudarnos a ir de una ciudad a otra necesitamos un

     _____ .
12. Entre las dos ciudades hay una _____ muy buena.
13. ¿Cuál es el _____ de esa señora? No la conozco.
14. Durante el verano yo _____ una casa en España.
15. El verano próximo vamos a hacer un _____ a Sudamérica.

C. **Resumen.** Fill in the blanks to form a summary of the chapter. Each blank space represents a word. Your teacher may ask you to memorize the summary for extra credit.

1. Después de la siesta, Susana y Javier _____ al _____ .
2. Los animales del zoo viven en _____ _____ .
3. Para saber información acerca del animal hay que consultar

   _____ _____ .
4. Susana y Javier no pueden quedarse mucho tiempo en el zoo porque mañana _____ de _____ y tienen que _____

   _____ _____ .
5. Al día siguiente, Javier va a la _____ _____ _____ .
6. Susana y Javier necesitan el _____ para ir a _____

   _____ .
7. El agente le dice a _____ que _____ _____

   _____ _____ el coche.
8. Javier le pide al agente la _____ _____ _____

   _____ _____ de Madrid.
9. El agente le pregunta a Javier si _____ _____ _____

   _____ con _____ _____ .
10. Javier le contesta que _____ _____ _____ coches

    _____ _____ .
11. El agente le desea a _____ un _____ _____ .

D. **Original dialogue.** Assume that you and a friend are visiting the Madrid zoo. With a partner, construct an original dialogue of six lines about your trip to the zoo. Use as many words from the chapter as possible.

E. What does Javier see when he goes for his car? Assume Madrid has the same problems as many other large cities and choose one of the following. But, do not look at the next chapter!

1. . . . otro vehículo está estacionado al lado del coche de Javier.

2. . . . un niño está lavando el coche.

3. . . . el coche está destrozado (wrecked).

4. . . . hay algunas personas en el coche.

5. . . . un policía le da una multa a Javier.

Capítulo 12
Vamos a consultar el mapa.

. . . un camión grande está *estacionado* al lado de nuestro coche. Javier entra en la agencia de coches para *quejarse* y el agente le dice que no hay problema, porque están haciendo *entregas* a la tienda *al lado,* y que dentro de un minuto van a salir. Y, en ese mismo momento, el *chofer* del camión *se acerca.*

— Lo siento mucho, señor— dice el chofer del camión. —Ahora mismo salgo.

Javier sube al coche, *lo pone en marcha,* y *se dirige* al hotel, que está muy cerca de la agencia de coches. Delante del hotel yo lo espero. El mozo ya tiene nuestro equipaje *listo* y lo pone en el portaequipaje. Javier le da al mozo una propina *dándole las gracias.*

— Adiós y buen viaje— nos dice el mozo.
— Hasta luego— le contestamos al mozo.
— Javier, ¿sabes *por dónde se sale* de Madrid?
— Sí, aquí tengo *las indicaciones. Pierde cuidado.*

Javier sigue las indicaciones del empleado de la agencia de coches, y dentro de quince minutos los dos estamos en *las afueras* de Madrid.

---

estacionado parked
quejarse complain
entregas deliveries
al lado next door
chofer driver
se acerca approaches
lo pone en marcha starts it up
se dirige goes
listo ready
dándole las gracias thanking him
por dónde se sale how to get out
indicaciones directions
Pierde cuidado. Don't worry.
afueras outskirts

— Con esta carretera nueva podemos llegar a Salamanca en muy poco tiempo. Queda solamente a 212 kilómetros.

— Javier, creo que *estás conduciendo muy de prisa*.

— Pierde cuidado. No hay policías *por aquí*.

— Javier, oigo una sirena.

— ¡Ay, Dios mío!

estás conduciendo you're driving

muy de prisa very fast

por aquí around here

 # EJERCICIOS

A. Preguntas. Answer the following questions in complete Spanish sentences.

1. ¿Por qué no puede sacar el coche Javier?
2. Cuando por fin Javier sube al coche, ¿adónde va?
3. ¿Quién espera a Javier delante del hotel?
4. ¿Qué pone el mozo en el portaequipaje?
5. ¿Cuál es la distancia entre Madrid y Salamanca?
6. ¿Qué cree Susana?
7. ¿Quién oye la sirena?

B. Vocabulario. Fill in each blank with a word taken from the chapter.

1. Los alumnos van a _____ del profesor porque da exámenes difíciles.
2. El parque no está lejos. Está muy _____ _____ nuestra escuela.
3. Si el camarero me sirve muy rápidamente, le doy una _____ .
4. Voy a hacer un _____ el verano próximo.
5. Mi amigo no vive en la ciudad. Vive en _____ _____ .
6. La _____ entre las dos ciudades es muy buena.
7. Se oye la _____ de la ambulancia.

(To the student: For exercises C and D, if they are done in class, you may work in pairs if your teacher instructs you to do so.)

C. When the driver of the truck comes out, he says to Javier: **"Lo siento mucho señor. Ahora mismo salgo."** Although Javier does not answer him, what do you suppose he could have answered? Give a one-sentence response in Spanish and try to keep your response as polite as possible.

D. At the end of the chapter, why do you suppose Javier shouts "¡Ay, Dios mío!"? Try to state your answer in Spanish in at least two full sentences.

Capítulo 13
Multa

De repente un guardia civil en motocicleta aparece a nuestro lado.

— *Arrime* su coche al lado del camino y *pare* su motor.

— Buenos días, señor. ¿Hay un problema?— pregunta Javier.

— Un gran problema. Ud. *ha excedido la velocidad máxima* de aquí.

— Pero, señor, ¿no es verdad que no hay límite de velocidad en las carreteras de España?

— Es verdad. Pero estamos cerca de un pueblo donde hay muchos *peatones* que andan *por* la carretera. Y también hay niños que cruzan la carretera.

— ¿No puede perdonarnos esta vez? Somos turistas.

— Para turistas, señora, Uds. hablan bien el español. *Sin duda* Uds. saben leerlo también. Hay *señales* en la carretera que indican: «*Población, límite de velocidad*, 50 kilómetros por hora.» Uds. tienen que pagar una *multa* de *30 euros*. Y aquí en España *se le paga* directamente al guardia.

De repente suddenly
guardia civil highway policeman
arrime pull over
pare stop
ha excedido la velocidad máxima you have exceeded the maximum speed limit
peatones pedestrians
por along
Sin duda without doubt
señales signs
Población... velocidad Town, maximum speed limit
multa fine
se le paga you pay

— Susana, ¿tienes 30 euros, *en efectivo*?

— Sí, aquí las tienes.

— Muchas gracias, señor. Aquí tiene Ud. su *recibo*. *Conduzca Ud. con más cuidado* y *ponga* atención a las señales de la carretera.

— Sí, señor. Voy a poner mucha atención a las señales—, (en voz muy baja) —y también a los guardias civiles.

— Javier, tienes que mirar *el velocímetro* con frecuencia. No queremos tener más multas.

— Sí, *basta una*. Y ahora vamos a Segovia donde podemos almorzar en ese restaurante al lado del acueducto.

Antes de llegar a Segovia pasamos por El Escorial. El Escorial es un monasterio y palacio *construido* entre 1563 y 1584 por el Rey Felipe II. Contiene el famoso *Panteón de los Reyes*, donde están *sepultados* casi todos *los reyes* de España. Esta vez no lo visitamos porque *lo hemos visitado* muchas veces antes. Llegamos a Segovia a la hora del almuerzo. Esta ciudad es famosa por su acueducto, construido por los romanos en el *siglo II A.C.* Este acueducto *fue* construido sin cemento. Sin embargo, se conserva en buen *estado* después de tantos siglos.

— Susana, ¿ recuerdas *cómo se llega al* restaurante?

— No lo recuerdo. Vamos a preguntarle a este policía.

— Señor, por favor, ¿puede Ud. dirigirnos al Restaurante «*Cordero Asado*»?

— Sí, señora. Pasen Uds. *por debajo del* acueducto, y pueden ver el restaurante a su izquierda.

— Muchas gracias, señor. Javier, vamos a estacionar el coche aquí. Durante la siesta *no hay que meter una moneda* en *el parquímetro*.

---

en efectivo in cash
recibo receipt
Conduzca... cuidado Drive more carefully
ponga atención pay attention
velocímetro speedometer
basta una one is enough
construido constructed
Panteón de los Reyes Burial place of the Rulers
sepultados buried
los reyes the rulers
lo hemos visitado we have visited it
siglo II A.C. 2nd century B.C.
fue was
estado condition
cómo se llega al how to get to the
cordero asado roast lamb
por debajo del under the
no hay...moneda you don't have to put a coin
parquímetro parking meter

Estacionamos el coche y *nos acercamos* al restaurante.   **nos acercamos**
we approach

— ¡Caramba! ¿Qué pasa aquí?— grita Javier.

— No sé, pero vamos a ver. Ah, creo que el restaurante está . . .

 EJERCICIOS

A. Preguntas. Answer the following questions in complete Spanish sentences.

1. ¿Por qué tiene Javier que arrimar el coche al lado del camino?
2. ¿Dónde andan peatones por la carretera?
3. ¿Quiénes tienen que pagar una multa?
4. ¿Cómo se paga la multa?
5. ¿Qué consejos le da el guardia a Javier?
6. ¿Qué van a hacer en Segovia Susana y Javier?
7. ¿Dónde están sepultados casi todos los reyes de España?
8. ¿Cuándo llegan a Segovia Susana y Javier?
9. ¿Quién les da a Susana y Javier indicaciones (directions) para
   llegar al restaurante?
10. Después de estacionar el coche, ¿adónde van Susana y Javier?

B. Definiciones. Find the Spanish word or expression in the text that
best fits the description given.

1. vehículo de dos ruedas (wheels)
2. por aquí andan los coches
3. ciudad pequeña
4. personas que visitan un país
5. policía de la carretera
6. comer al mediodía
7. donde vive el rey
8. construcción que lleva agua a la ciudad
9. períodos de cien años

10. antónimo de «izquierda»
11. ocurre

C. **Resumen.** Here is your chance to be more original in summarizing the chapter. Complete each statement in your own words using as many words from the story as you need.

1. Un guardia civil _____ .
2. Javier le pregunta _____ .
3. El guardia contesta que _____ .
4. El guardia no perdona a Javier porque _____ .
5. Tienen que pagar _____ .
6. Susana le dice a Javier que _____ .
7. Continúan su viaje y _____ .
8. Pero primero pasan _____ .
9. Por fin Susana y Javier _____ .
10. En Segovia hay _____ .
11. No recuerdan _____ .
12. Por eso le preguntan _____ .
13. Para llegar al restaurante, _____ .
14. Dejan el coche _____ .

D. Another cliffhanger! Guess how the next chapter starts by choosing one of the following phrases. Whether or not you guessed correctly, add an original sentence to complete the thought. For example, for number 1, you might say: "**Vamos a buscar otro restaurante.**"

1. . . . cerrado.
2. . . . en obras, pero está abierto.
3. . . . en ruinas.

Capítulo 14
Se come bien aquí.

— ... *en obras*, pero está abierto. Están construyendo *una fachada* nueva. Vamos a entrar.

— Buenas tardes, señores. Perdonen las obras. ¿Quieren una mesa para dos?

— Sí, señor. Preferimos sentarnos *al fondo, a causa de* las obras— dice Javier.

— Pues, durante la siesta no hay obras. Pero, si Uds. prefieren una mesa al fondo, pasen conmigo. Aquí tienen Uds. el menú.

— Gracias, pero no necesitamos el menú. Queremos pedir su especialidad, cordero asado.

— De acuerdo, señora. Y, ¿de beber?

— El vino blanco de la casa que nos gusta tanto.

— Muy bien. Entretanto *les traigo* una ensalada especial.

— Gracias, señor— contesta Javier.

Javier y yo pasamos una hora y media en el restaurante. Como siempre el cordero asado está delicioso. *De postre* pedimos *flan* con café. Ahora tenemos que continuar nuestro viaje en coche.

en obras under construction
fachada façade, front
al fondo in the rear
a causa de because of
les traigo I'll bring you
de postre for dessert
flan caramel custard

— Susana, vamos a dar un paseo por un rato antes de volver al coche.

— ¡Cómo no! Así podemos *digerir* la comida.

Segovia, como muchas ciudades españolas, tiene unas *calles peatonales*, por donde los coches no pueden pasar. Javier y yo caminamos hasta el Alcázar, el famoso castillo que contiene muchos *recuerdos* históricos y colecciones artísticas de mucho *valor*.

— Susana, *es hora de* volver al coche y de seguir nuestro viaje.

— Es lástima, porque esta ciudad es muy hermosa. Pues, vámonos entonces. ¿Cuál es nuestro próximo destino?

— Ávila, a 67 kilómetros. *No va a tardar mucho.*

— ¡Y, atención a las señales de la carretera! No queremos tener más multas.

— No te preocupes.

Javier y yo *nos dirigimos* hacia el acueducto para buscar nuestro coche, siempre admirando esa magnífica obra de arquitectura.

— Susana, ¿dónde está nuestro coche?

— ¿Qué dices? Debe estar *aquí mismo*.

— ¡Pero no está aquí!

digerir to digest
calles peatonales pedestrian walks
recuerdos souvenirs
valor value
es hora de it's time to
No va a tardar mucho. I won't take long.
nos dirigimos make our way
aquí mismo right here

EJERCICIOS

A. Preguntas. Answer the following questions in complete Spanish sentences.

1. ¿Dónde quieren sentarse Susana y Javier?
2. ¿Por qué no necesitan el menú Susana y Javier?
3. ¿Por qué piden vino blanco?
4. ¿Cuánto tiempo se quedan en el restaurante?
5. ¿Qué toman con el postre?
6. ¿Qué hacen para digerir la comida?
7. ¿Dónde hay recuerdos históricos en Segovia?
8. ¿Por qué van al acueducto Susana y Javier?
9. ¿Qué no encuentran?

B. Each of the following statements is false according to the chapter. Rewrite the statements correctly in Spanish.

1. El restaurante está cerrado.
2. Susana y Javier se sientan cerca de la entrada del restaurante.
3. Susana y Javier piden el menú.
4. Los dos beben Coca Cola con la comida.
5. Beben té después de la comida.
6. Al salir del restaurante, van directamente al coche.
7. Los dos van a pasar la noche en el Alcázar.
8. El coche está debajo del acueducto.

C. Diálogo. Imagine that you are in a Spanish restaurant. Complete the dialogue between you and the waiter in your own words. This time you are given the second line of the dialogue. You must complete the first line. Be careful, since this is a continuous dialogue.

1. USTED: ¿ _____ ?
   CAMARERO: Sí, señor. Pasen Uds. conmigo.
2. USTED: _____
   CAMARERO: De nada. Ahora les traigo el menú.
3. USTED: _____
   CAMARERO: De acuerdo. ¿Y van a beber algo?
4. USTED: _____
   CAMARERO: Muy bien. En seguida les traigo el vino.

5. USTED: ¿ —————— ?

   CAMARERO: En dos o tres semanas van a terminarlas.

D. Can you guess what happened to the car without starting the next chapter? Here are some suggestions, but none of them may be correct.

   1. Alguien ha robado (has stolen) el coche.
   2. Una grúa (tow truck) se lo ha llevado (has taken it away).
   3. Está al otro lado del acueducto.
   4. Unos niños lo han trasladado (have moved) al otro lado de la calle.
   5. El coche ha desaparecido (has disappeared) para siempre (forever).

E. You don't like the title of the chapter? Can you think of a better one? You may wish to choose a group of judges among your classmates to decide which title is the best.

Capítulo 15
¿Cómo se llega a la Plaza Mayor?

— *Déjame* pensar— dice Javier. —Ah, ahora lo recuerdo. El coche está al otro lado del acueducto. ¡*Qué tontos* somos!

— Pues, vamos en seguida al coche. *Se hace tarde.*

Entre Segovia y Ávila hay 67 kilómetros y en menos de una hora llegamos. *Lo primero* que vemos son *las murallas* medievales que *circundan* la ciudad. En esta ciudad hay una catedral que *data del* siglo XIV.

— Susana, ¿quieres pasar algún tiempo en Ávila?

— No es necesario. Vamos directamente a Salamanca, donde vamos a pasar la noche. Está sólo a 97 kilómetros. Tenemos reserva en un hotel, ¿verdad?

— Claro. En el verano hay muchos turistas en Salamanca.

Salamanca es una ciudad histórica famosa por su universidad antigua fundada en el siglo XIII. En el siglo XVI *más de* 6,000 *sabios* de todas partes de Europa *asistían a* esta universidad. La ciudad es también famosa por la Casa de *las Conchas*, construida en el siglo XVI, y que tiene

Déjame pensar Let me think

¡Qué tontos somos! How foolish we are!

Se hace tarde. It's getting late.

Lo primero The first thing

murallas walls

circundan surround

data del dates back to the

más de more than

sabios scholars

asistían a attended

Conchas shells

toda la *fachada cubierta de hileras* de conchas. Cada vez que visitamos Salamanca, nos gusta ver estos dos monumentos históricos. *Nos instalamos* en el hotel, descansamos un rato, y luego salimos para cenar. Y después de comer, visitamos varios lugares de interés de la ciudad.

— Vamos a la Plaza Mayor, Susana. Siempre hay mucha gente allí y es muy *animada*.

— Y dicen que esta plaza es la más famosa de España. Está *rodeada de* muchos edificios *enlazados* que parecen un edificio enorme. ¿Sabes *por dónde se va para llegar a* la plaza?

— Vamos a ver. Ah, *se me olvida*. Vamos a preguntarle a esta señora.

— Perdón, señora. ¿Nos puede dirigir a la Plaza Mayor? Estamos un poco *extraviados*.

— Pues, sí, señores. Uds. están muy cerca de la plaza. *Yo los llevo.*

— No, no. *No se moleste Ud.*

— No es ninguna molestia, señora. Síganme.

En dos minutos llegamos a la Plaza Mayor.

— Aquí están Uds. Ésta es la Plaza Mayor.

— Ud. *ha sido* muy amable, señora. Muchas gracias por su ayuda.

— De nada, señor. *Ha sido un placer.* Es un lugar muy pintoresco. *¡Que se diviertan!*

— *Esperamos que sí.* Adiós y, otra vez, muchas gracias.

— Adiós, jóvenes.

— *¡Qué mujer más simpática!* ¿Verdad, Susana?

— Sí, y . . . ¡Ay!

fachada façade (front of a building)

cubierta de hileras covered with rows

Nos instalamos We settle

animada lively

rodeada de surrounded by

enlazados connected, linked

por...a how to get to

se me olvida I've forgotten

extraviados lost

Yo los llevo. I'll take you.

No se moleste Ud. Don't trouble yourself.

Ud. ha sido You have been

Ha sido un placer. It has been a pleasure.

¡Que se diviertan! Enjoy yourselves!

Esperamos que sí. We hope so.

¡Qué mujer más simpática! What a nice lady!

 **EJERCICIOS**

A. Preguntas. Answer the following questions in complete Spanish sentences.

1. ¿Qué recuerda Javier?
2. ¿Qué ven Susana y Javier al entrar en Ávila?
3. ¿Por qué no quiere Susana pasar tiempo en Ávila?
4. ¿Por qué necesitan una reserva en un hotel en Salamanca?
5. ¿Por qué es Salamanca una ciudad famosa?
6. ¿Qué hacen Susana y Javier antes de ir a cenar?
7. Describa Ud. la Plaza Mayor de Salamanca.
8. ¿Quién dirige a Susana y Javier a la Plaza Mayor?

B. Vocabulario. Fill in the blanks with a word taken from the chapter. In some cases the form of the word may have to change to suit the sentence. For example: "**Un *kilómetro* es mil metros.**" Here we made "**kilómetros**" singular to suit the sense of the sentence.

1. Los _____ llevan agua a las ciudades.
2. Dos _____ contienen doscientos años.
3. Generalmente hace calor en el _____ .
4. Un _____ es un estudiante inteligente y trabajador.
5. Vamos a pasar tres noches en un _____ grande.
6. Vivimos en un _____ de diez pisos.
7. Susana está _____ y por eso le pide indicaciones (directions) a un señor.
8. La plaza no está muy lejos. Está _____ de nuestro hotel.
9. Esa señora es muy simpática y _____ .
10. Hasta luego y _____ , amigos.

C. Resumen. Here is another chance to be more original in summarizing the chapter. Complete each statement in your own words using as many words from the story as you need.

1. Javier recuerda que _____ .

 2. Los dos llegan a _____ .
 3. En Ávila _____ .
 4. No pasan _____ y _____ .
 5. Tienen _____ porque _____ .
 6. Salamanca es _____ .
 7. Se instalan _____ y _____ .
 8. Quieren ir _____ porque hay _____ .
 9. La Plaza Mayor es _____ por _____ .
 10. Susana olvida dónde _____ y por eso _____ .
 11. Una señora los _____ .

D. Assume that the lady in Salamanca did not take Susana and Javier to Plaza Mayor and just gave them directions to get there. Make up a series of directions in Spanish, assuming you know how to get there. Here are some useful expressions:

a la derecha	*to the right*	**al llegar a**	*when you get to*
a la izquierda	*to the left*	**doblen Uds.**	*turn*
todo derecho	*straight ahead*	**vayan**	*go*
sigan Uds.	*continue*		

If you are doing this exercise in class, the teacher may ask you to work in pairs. One student may go to the board and draw the directions as some of you read them aloud. The results may be very interesting!

E. Why does Susana shout "¡Ay!" at the end of the chapter. Which of the following do you think is the reason? Don't peek at the next chapter!

 1. Ella tropieza con (trips over) algo en la calle.
 2. Ella ve a un perro rabioso (mad).
 3. Alguien la pega (hits).
 4. Un ladrón trata de robarle el bolso (steal her pocketbook).

Capítulo 16
Buen lugar para descansar

— ¿Qué pasa, Susana?

— No es nada. *Por poco me caigo.* Estos *adoquines* son muy peligrosos.

— *Hay que tener mucho cuidado al andar.*

— Vamos a sentarnos aquí en este café al aire libre debajo de las *arcadas*, donde hace fresco. Quiero una taza de café.

Después de pasar media hora en el café, me siento mejor. Antes de volver al hotel, pasamos por la Casa de las Conchas. Al día siguiente, *nos ponemos en marcha* y seguimos nuestro viaje a La Coruña. Nuestro próximo destino es León, a una distancia de 197 kilómetros.

— Susana, vamos a pasar por Zamora y Benavente. Podemos almorzar en Benavente. Recuerdo que en *el parador* hay un restaurante muy bueno. *¿Qué te parece?*

— Muy bien. Muchos de estos paradores son castillos o palacios convertidos en hoteles. Son buenos lugares para descansar.

— Y son muy *lujosos* también.

por poco me caigo I almost fell
adoquines cobblestones
hay que...al andar you have to be very careful while walking
arcadas arcades
nos ponemos en marcha we start out
parador state-owned hotel
¿Qué te parece? What do you think?
lujosos luxurious

Benavente está a una distancia de unos 130 kilómetros de Salamanca. Como la carretera pasa por muchos pueblos pequeños, *tardamos casi dos horas en llegar.* ¡Javier recuerda la multa muy bien! Al llegar a Benavente, vamos directamente al parador y estacionamos el coche en una calle muy cerca del parador.

tardamos casi...llegar it took us almost two hours to get there
empanada de carne meatpie
evitar to avoid

— Vamos a descansar un rato en el salón del parador antes de almorzar. Es muy cómodo aquí.

— Y estos paradores son unos lugares magníficos y sus salones son enormes.

La especialidad de este restaurante es *empanada de carne,* un plato muy popular en esta parte de España. De beber yo tomo vino blanco, pero Javier toma una Coca Cola porque tiene que conducir el coche después de comer.

— Y ahora a León, a sólo 70 kilómetros. Voy a conducir despacio porque no tenemos prisa.

— Buena idea. ¡Así podemos *evitar* a . . .

EJERCICIOS

A. **Cierto o falso.** Tell whether each of the following sentences is true or false according to the story. Write **cierto** if true and **falso** if false. If the sentence is false, rewrite it to make it true.

1. Susana se cae en la calle.
2. Susana quiere una taza de café.
3. Después de treinta minutos, Javier se siente mejor.
4. Después de regresar al hotel, visitan la Casa de las Conchas.
5. Van a visitar la ciudad de León después de salir de Salamanca.
6. Quieren tomar el almuerzo en un parador de Zamora.
7. Javier quiere pagar otra multa en la carretera.
8. Los dos toman el almuerzo y luego descansan un rato.

9. Como Susana tiene que conducir el coche, ella toma vino blanco con la comida.

10. Camino de (on the way to) León, Javier no quiere conducir de prisa (fast).

B. **Definiciones.** Find the Spanish word or expression in the text that best fits the description given. The words are not in the order of the chapter, and may be in a different form. For example, a noun may be plural in the chapter but singular in the exercise, a verb may be in a conjugated form in the chapter but in the infinitive in the exercise.

1. período de treinta minutos
2. comer al mediodía
3. caminar
4. dar un paseo
5. lentamente
6. vehículo para cinco personas
7. antiguo castillo convertido en hotel
8. confortable
9. excursión
10. continuar
11. sitio
12. ciudad pequeña
13. camino grande para coches
14. dejar el coche en algún lugar
15. grande
16. ocurrir

C. The authors' word processor has gone haywire. Can you arrange the words of each sentence to make sense? The result will be a summary of the chapter.

1. adoquines Susana en cae se los poco por
2. café dos al los sientan libre se un aire en
3. por después de Conchas las Casa la pasan
4. día La viaje al siguen Coruña a su siguiente
5. es destino León su próximo
6. de almorzar deciden Benavente un en parador
7. del de descansan antes el parador almorzar salón en
8. a después van almuerzo León directamente del

D. This chapter did not provide any dialogue in the outdoor café of Plaza Mayor. Create an eight-line dialogue between Javier and the waiter. Here are some hints.

1. CAMARERO: (He asks the couple what they wish to order.)
   JAVIER: (He tells the waiter that they just want some coffee.)

2. CAMARERO: (He tells them he'll bring the coffee at once.)
   JAVIER: (He thanks the waiter.)

3. CAMARERO: (He brings the coffee and tells them how much the bill is.)
   JAVIER: (He hands the waiter the amount with a small tip.)

4. CAMARERO: (He thanks Javier and wishes them both a nice day [**Que pasen un buen día**].)
   JAVIER: He tells him he is welcome and says good-bye.)

E. Who is stating the last sentence of the chapter and how do you know? What do you think are the last three words of the sentence? Now check with the next chapter to find out if you are right.

Capítulo 17
¿Dónde está el hotel?

. . . los guardias civiles!

En menos de una hora llegamos a León, pero es difícil encontrar el hotel, especialmente porque hay tantas calles de *dirección única*.

— Susana, pregúntale a ese policía cómo se llega al hotel.

— Perdón, señor. Queremos saber cómo se llega al Hotel Alfonso Quinto.

— Pues, ésta es la calle. Pero, como es una calle de dirección única, Uds. tienen que doblar a la derecha en la esquina y seguir hasta la próxima calle y doblar otra vez a la derecha. Luego vayan a la Plaza de Santo Domingo. Hay que *dar la vuelta a* la plaza hasta llegar a la calle Padre Isla. *Allí mismo* está su hotel.

— Muchas gracias, señor.

— De nada, señora. *Me alegro de poder ayudarles.*

— Javier, ¿sabes qué hacer ahora?

— *Pues, claro*. Tenemos que doblar a la derecha en la esquina y luego ir directamente a la plaza. Según el policía, allí está el hotel.

— Tú no tienes razón. Según el policía, tenemos que doblar a la derecha y luego a la derecha otra vez.

dirección única
one way

dar la vuelta a
go around

allí mismo
right there

Me alegro... ayudarles.
I'm glad to be able to help you.

Pues, claro
Well, of course

— Ay, ahora estoy *confundido*. Voy a preguntarle a ese muchacho.

— Perdón, joven. ¿Dónde *queda* el Hotel Alfonso Quinto?

— Lo siento mucho, señor. No soy de aquí y no puedo ayudarles.

— Susana, parece que no vamos a encontrar nuestro hotel.

— Vamos a preguntarle a este hombre.

— Por favor, señor. Estamos perdidos. Buscamos el Hotel Alfonso Quinto.

— Ah, no hay problema. Yo trabajo en ese hotel. El hotel está directamente detrás de Uds. Pero tienen que doblar a la derecha en la esquina y doblar otra vez a la derecha para ir a la Plaza de Santo Domingo. Si Uds. dan la vuelta a la plaza, *verán* el hotel.

— Gracias, señor. Ud. *ha sido* muy amable.

— No hay de qué, señores. Es un placer.

— Y ahora, Javier. ¿Quién tiene razón?

— Tú, como siempre.

Por fin llegamos al hotel, pero un poco *mareados*. Nuestra habitación es muy cómoda y *da a* la plaza donde hay *una fuente* muy bonita. Javier entra en el baño para lavarse las manos, y *de repente* grita:

— ¡Caramba! ¿Qué pasa aquí?

confundido
confused
queda is
(located)
verán you'll see
ha sido have
been
mareados dizzy
da a it faces
fuente fountain
de repente
suddenly

EJERCICIOS

A. Each of the following statements is false according to the chapter. Rewrite the statements correctly in Spanish.

1. Susana y Javier encuentran su hotel en León sin dificultad.
2. El policía les dice que el hotel está delante de ellos.
3. Susana le dice a Javier que él comprende perfectamente las indicaciones del policía.
4. El muchacho es de León y sabe dónde está el hotel.
5. El hombre que trabaja en el hotel acompaña a Susana y Javier al hotel.
6. Hay una fuente en la habitación de Susana y Javier.
7. Al entrar en la habitación, Javier va a tomar un vaso de agua.

B. **Vocabulario.** Fill in each blank with a word taken from the chapter. The words are not in the order of the chapter and may not be in the same form.

1. Vamos a _____ a León muy pronto.
2. No sabemos en qué _____ está el hotel.
3. Perdón, estoy _____ . No puedo encontrar mi hotel.
4. En nuestro hotel tenemos una _____ con dos camas.
5. Vaya Ud. a la izquierda, no a la _____ .
6. Para ir al hotel tienen que _____ esa esquina.
7. ¿En qué hotel tenemos _____ esta noche?
8. Señores, no es _____ encontrar el hotel. Es muy fácil.
9. Esos señores ayudan a todo el mundo. Son muy _____ .
10. Después de buscar el hotel durante una hora, Susana está

   _____ .

C. **Resumen.** Here is an entry from Susana's diary that tells about their search for their hotel. But, to save space, Susana abbreviates her statements. That is, her verbs are not conjugated, the adjectives do not necessarily agree with their nouns and connective words (like **que, pero,** and **y**) are left out. Rewrite her diary entry in full sentences, adding as many words as you think necessary. The first sentence is done for you as an example.

1. llegar/León/difícil/encontrar/hotel (Por fin llegamos a León, pero es difícil encontrar el hotel.)
2. preguntar/policía/llegar/hotel

3. indicaciones/policía/complicado
4. Javier/confundido/preguntar/muchacho/no poder ayudar
5. preguntar/hombre/trabajar/hotel
6. llegar/hotel/mareado
7. tener/habitación/dar a la plaza/fuente

D. Plano. Here is a map of the section of León where Susana and Javier are looking for their hotel. Trace the way to the hotel from their starting point. As you trace your way, you may repeat the directions in Spanish. If you work in pairs, one student states the directions and the other does the tracing. Then, reverse roles.

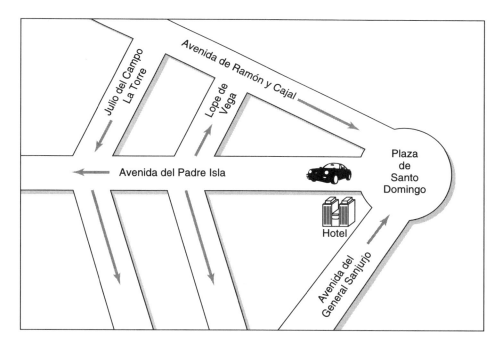

E. Why do you think Javier cries out when he enters the bathroom? Here are some possibilities, but none may be the case. You may supply your own if you wish.

1. No hay agua.
2. No hay lavabo (sink).
3. Hay un ratón (mouse) en el suelo (floor).

4. Hay alguien en la bañera (bathtub).
5. No hay luz.
6. Un ladrón le grita: «¡Levante las manos!»

Capítulo 18
Cuesta demasiado.

¡No hay agua caliente! ¿Cómo vamos a lavarnos las manos y tomar una *ducha*?

— Cálmate. Voy a llamar a la recepcionista.

— Recepción. ¿En qué puedo servirle?

— *Es que* no hay agua caliente, señorita. ¿Qué pasa?

— No se preocupe, señora. Es *una avería temporal. Le ruego que tenga paciencia.* Dentro de poco tiempo *habrá* agua caliente.

— Gracias, señorita. (a Javier) La recepcionista dice que hay una avería y que habrá agua caliente pronto. Vamos a salir por un rato. *Ya* sabes que esto ocurre muchas veces en los hoteles. No es la primera vez.

— Tienes razón. Vamos a bajar.

— Hola, señores— dice la recepcionista. —Perdonen Uds. la molestia pero están *arreglando* el sistema del agua caliente. ¿Puedo *ayudarles* en algo?

— Sí, señorita. Necesitamos un plano de la ciudad.

— Con mucho gusto, señora. Aquí lo tienen Uds. Y *les señalo* dónde está nuestro hotel en el plano. Aquí estamos al lado de la plaza. El hotel es muy *céntrico*, como Uds. pueden ver.

ducha shower
es que (Do not translate.)
avería temporal temporary breakdown
Le ...paciencia. I beg you to be patient.
habrá there will be
ya (do not translate)
arreglando repairing
ayudarles help you
les señalo I'll point out to you
céntrico centrally located

León, en *el noroeste* de España, es la capital de la provincia de León. Entre sus sitios históricos están la iglesia *románica* de San Isidoro, que data del siglo XII; la catedral *gótica* del siglo XIV, que contiene una maravillosa colección de *vidrieras de colores*; y, para nosotros *lo más fascinante*, el Hostal de San Marcos. El Hostal de San Marcos, *hoy día* un hotel moderno y lujoso, fue *antiguamente* un monasterio construido en el siglo XVI.

noroeste northwest

románica Romanesque

gótica Gothic

vidrieras de colores stained-glass windows

lo más fascinante the most fascinating aspect

hoy día today

antiguamente formerly

más caros most expensive

hace unos años a few years ago

paramos we stopped

cobran un dineral they charge a fortune

por lo menos at least

apuesto I'll bet

— Vamos hacia el Hostal de San Marcos. Es uno de mis lugares favoritos de España.

— Sí, y uno de los *más caros*— comenta Javier.

— Recuerdo que *hace unos años paramos* aquí durante unas noches.

— Pero ahora es sólo para los ricos porque *cobran un dineral*.

— *Por lo menos* podemos entrar y pasear por los muchos salones.

— Y quizás tomar algo en el bar.

— *Apuesto* que en este hotel siempre hay agua caliente.

— ¡Sin duda!

Después de quedarnos una hora en el Hostal de San Marcos, Javier y yo decidimos explorar la ciudad.

— Susana, ¿dónde está tu suéter?

— ¿Mi suéter? ¡No lo tengo!

EJERCICIOS

A. **Preguntas.** Answer the following questions in complete Spanish sentences.

1. ¿Quién llama a la recepcionista?
2. ¿Por qué no hay agua caliente?
3. ¿Qué van a hacer Susana y Javier mientras arreglan la avería?
4. ¿Quién les da a Susana y Javier un plano de la ciudad?
5. ¿En qué parte de España está León?
6. ¿Qué es el Hostal San Marcos?
7. ¿Cuánto tiempo se quedan Susana y Javier en el Hostal San Marcos?
8. Y, ¿qué hacen después de salir del hostal?
9. ¿Qué le pregunta Javier a Susana al salir del hostal?

B. **Vocabulario.** Fill in each blank with a word taken from the chapter. The words are not in the order of the chapter and may not be in the same form.

1. ¿Qué _____ aquí. No hay agua caliente?
2. Este suéter es muy _____ . No tengo suficiente dinero para comprarlo.
3. Susana y Javier _____ en el hostal.
4. Voy a _____ a mi amigo por teléfono.
5. Esta catedral es un _____ histórico.
6. Para encontrar el hotel, voy a necesitar un _____ de la ciudad.
7. Queremos _____ en un hotel de León.
8. Me gusta _____ la cara con agua fría.
9. Tengo que _____ la máquina porque está rota.
10. Nuestra escuela está situada al _____ de un parque grande.

C. The authors' word processor has gone haywire again. Can you arrange the words of each sentence to make sense? The result will be a summary of the chapter.

1. caliente no avería hay agua hay porque una
2. quejarse Susana la para llama recepcionista a
3. habrá caliente pronto dice agua que ella
4. dos paseo para deciden los bajar dar un
5. la de la plano recepcionista un da les ciudad

6. históricos hay León en lugares varios
7. Hostal al van y Susana Marcos de Javier San
8. por allí enormes los pasean salones
9. nota tiene al Susana salir hostal Javier no que suéter del su

D. Imagine that you have been searching for hours for a hotel in a crowded city of Spain and have finally found a hotel. You discover certain things are missing from the room or are in unacceptable condition. Construct a six to eight-line dialogue between you and the receptionist in which you register your complaint. Here are some words and phrases you may use:

la toalla   *towel*
la sábana rota   *the torn sheet*
la almohada   *pillow*
la lámpara rota   *the broken lamp*
falta de agua   *no water*
una alfombra sucia   *a dirty rug*
una telaraña   *cobweb*
un televisor sin pantalla   *a TV set without a screen*
una ventana rota   *a broken window*
una puerta sin cerradura   *a door without a lock*
lo siento mucho   *I am very sorry*
la camarera está libre hoy   *the chambermaid is off today*
hay una huelga de mecánicos   *there's a strike of repairmen*
quejarse   *to complain*
la queja   *the complaint*
todos los hoteles están completos ahora   *all the hotels are full now*

E. What do you think happened to Susana's sweater? Write one or two sentences in Spanish stating what you think happened. Then look at the beginning of the next chapter to find out.

Capítulo 19
Peregrinos de todas partes del mundo

— Pues, tenemos que volver al hostal para buscarlo.

Mientras Javier y yo volvemos al hostal vemos un objeto negro en la *acera*.

— Susana, ¿qué es esto?

— ¡Ay, es mi suéter! *Se me habrá caído* al salir del hostal. Afortunadamente la acera no está muy sucia y sólo *hay que sacudirlo* un poco. ¡Qué suerte!

Javier y yo pasamos una noche muy tranquila en León, comiendo en un restaurante típico, andando por las calles y *discutiendo* nuestros planes para el día siguiente.

— Hola, señores— dice la recepcionista. El agua caliente está *arreglada*. *No tengan cuidado*.

— Ah, *qué bien* — dice Javier. — Ahora podemos bañarnos. Buenas noches, señorita.

— Hasta mañana, señores. *Que descansen bien*.

Al día siguiente tenemos que *recorrer* unos 275 kilómetros porque vamos directamente a *Santiago* de Compostela,

acera sidewalk
Se...caído I must have dropped it
hay que sacudirlo it has to be shaken
discutiendo discussing
arreglada fixed
No tengan cuidado. Don't worry.
qué bien that's great
Que descansen bien. Have a good rest.
recorrer travel, cover
Santiago St. James

donde pensamos quedarnos tres días antes de ir a La Coruña. Por eso nos levantamos temprano, tomamos un desayuno *ligero* y nos ponemos en marcha.

— Según el mapa, la carretera entre León y Santiago de Compostela parece *bastante* buena. Una parte de la carretera es *una autovía* que *circunvala* muchos pueblos.

— Eso está bien— dice Javier —porque no me gusta *perder* tiempo pasando por tantos pueblos pequeños.

— Pero, algunos son muy pintorescos y tan típicos de España, por ejemplo, Villafranca del Bierzo, donde hay un parador. Podemos almorzar allí.

— De acuerdo. A Villafranca del Bierzo, entonces, sin parar.

La carretera entre León y Santiago de Compostela es parte del famoso «Camino de Santiago», que comienza en Francia. Todos los años vienen a Santiago *peregrinos* de todas partes del mundo para visitar *el sepulcro* del Apóstol Santiago, *el santo patrón* de España. También van allí para celebrar la fiesta del 25 de julio, que es el Día de Santiago.

— Javier, algunas de estas personas que andan por la carretera *deben de ser* peregrinos que van a Santiago.

— Y creo que muchos *empezaron* su viaje en Francia.

En ese momento se oye un ruido muy *fuerte* y el coche comienza a *moverse de un lado para otro*. Javier trata de parar el coche, pero con dificultad. Arrima el coche al lado de la carretera y baja para ver lo que pasa.

— ¿Qué pasa, Javier?

— Creo que . . .

ligero light
bastante quite, fairly
autovía highway
circunvala bypasses
perder to waste
peregrinos pilgrims
sepulcro tomb, burial place
santo patrón patron saint
deben de ser are probably, must be
empezaron began
fuerte loud
moverse...otro wobble

🗁 EJERCICIOS

A. Preguntas. Answer the following questions in complete Spanish sentences.

1. ¿Dónde encuentran el suéter Susana y Javier?
2. ¿Por qué tiene suerte Susana?
3. ¿Qué hacen por la noche Susana y Javier?
4. ¿Qué les dice la recepcionista cuando regresan al hotel?
5. ¿A qué ciudad van al día siguiente?
6. ¿Cuánto tiempo piensan quedarse allí?
7. ¿Qué es una autovía?
8. ¿Dónde van a almorzar?
9. ¿Dónde tiene su origen el Camino de Santiago?
10. ¿Qué se celebra el 25 de julio?
11. ¿Quiénes caminan por la carretera?
12. ¿Por qué baja Javier del coche?

B. Vocabulario. Fill in each blank with a word taken from the chapter. The words are not in the order of the chapter and may not be in the same form.

1. Después de trabajar tantas horas necesitamos _____ un rato.
2. Esta mañana tomo un _____ de huevos fritos (fried eggs), pan tostado y café.
3. Los coches circulan por las _____ del país.
4. ¿Cuántos kilómetros vamos a _____ hoy?
5. Aprendo el español con mucha _____ porque no es fácil.
6. Vamos a tener una _____ para celebrar tu cumpleaños.
7. Todo el _____ dice que la película es buena.
8. Pasamos por un pueblo muy _____ y bonito.
9. Los niños siempre corren; nunca _____ .
10. Hoy vamos a _____ al mediodía porque tenemos hambre.

C. Here is another abbreviated version of Susana's diary. Rewrite her diary entry in full sentences, adding as many words that you think are necessary. The first sentence is done for you as an example.

Encontramos el suéter en la acera pero no está sucio.

1. encontrar / suéter / acera / no sucio
2. comer / restaurante / típico / noche / andar / calles
3. recepcionista / decir / agua
4. Javier / contento / poder / bañarse
5. día siguiente / 275 kilómetros / Santiago / tomar / desayuno ligero
6. parte / carretera / autovía
7. almorzar / parador / Villafranca del Bierzo
8. peregrinos / andar / carretera
9. ruido / coche / moverse / lado / otro

D. Assume that the hot water could not be restored until the following morning. Make up a dialogue between Javier and the receptionist using the guides given.

1. JAVIER:	(Wants to know if there is hot water.)
RECEPCIONISTA:	(Tells him there is no repairman around till next morning.)
2. JAVIER:	(Wants to know how he and Susana can bathe.)
RECEPCIONISTA:	(Tells him he's very sorry, but he does not know.)
3. JAVIER:	(Wants to know if this occurs frequently [con frecuencia].)
RECEPCIONISTA:	(Tells him this is the first time it is happening.)
4. JAVIER:	(Tells her that unfortunately [por desgracia] it is happening to them.)
RECEPCIONISTA:	(Offers to grant them a reduction in rate [un descuento].)
5. JAVIER:	(Tells her it is not necessary, that they will suffer for one night.)
RECEPCIONISTA:	(Thanks them and apologizes again.)

E. What do you think has happened to the car at the end of the chapter? Here are some suggestions which include the correct one. But, don't peek at the next chapter until you have made your choice.

1. Hay un reventón (blowout in the tire).
2. Se perdió una rueda (A wheel got lost).
3. La carretera está en mal estado (condition).
4. El volante (steering wheel) está roto.
5. El coche atropelló (ran over) a un toro (bull).

Capítulo 20
¡Qué chico más simpático!

. . . tenemos *un reventón*. *El neumático* está completamente *desinflado*.

— Pues, ¿sabes dónde está *la rueda de recambio*?

— Creo que está en el portaequipaje con todas *las herramientas*. Voy a ver. Pero, primero tengo que sacar todas las maletas.

— Espera. *Yo te ayudo.*

En ese momento un chico de unos quince años pasa y nos ofrece su ayuda.

— Gracias, joven — dice Javier. — ¿Sabes cambiar una rueda?

— Sí, señor. Mi padre tiene un coche. Yo sé exactamente *lo que hay que hacer*. Primero tenemos que levantar el coche con *el gato* y después, la cosa es muy fácil.

El muchacho cambia la rueda en diez minutos.

— Eres un buen mecánico.

— Gracias, señora. Mi padre es mecánico y trabaja

---

reventón blowout

neumático tire

desinflado deflated

rueda de recambio spare wheel

herramientas tools

Yo te ayudo. I'll help you.

lo que hay que hacer what has to be done

gato jack

en *un taller* muy cerca de aquí en *las afueras* del pueblo próximo, donde vivimos. Si Uds. quieren, puedo acompañarlos al taller donde mi padre *les arreglará* el neumático desinflado. Es peligroso conducir sin rueda de recambio.

— ¡Cómo no, chico! Sube al coche y vamos al taller de tu padre.

— De acuerdo. Pero, primero tenemos que devolver las maletas al portaequipaje. *Yo les ayudo.*

— Buena idea. No queremos dejar nuestras maletas aquí al lado de la carretera— dice Javier.

El taller está a menos de un kilómetro y llegamos muy pronto. El chico, que se llama Andrés Rodríguez, es muy *hablador*, y nos cuenta algo de su familia. Tiene dos hermanos y una hermana, todos menores que él. En este momento su mamá está en casa cuidando a los niños. Como es sábado, los niños no van a la escuela.

— Javier, parece que en los pueblos de España las viejas costumbres *no han cambiado*. El padre trabaja y la madre se queda en casa con los niños.

— Es verdad. Pero creo que en las ciudades grandes no es *así.*

Cuando llegamos al taller, Andrés nos presenta a su padre, quien arregla el neumático en muy poco tiempo.

— ¿Cuánto *le debo*, señor Rodríguez?

— Bueno, el precio es de seis euros, pero le doy *un descuento* de 1,20 euros. Entonces me debe 4,80 euros *justos.*

— Aquí tiene Ud. el dinero. Muchas gracias, señor Rodríguez.

taller repair shop

las afueras the outskirts

les arreglará will fix for you

Yo les ayudo. I'll help you.

hablador talkative

no han cambiado have not changed

así that way

le debo do I owe you

descuento discount

justas exactly

— De nada, señor.

— Adiós, señores Rivera — dice Andrés. — Buen viaje.

— Hasta luego, Andrés. Y muchas gracias por tu ayuda.

— Fue un placer, señora.

al acercarnos
as we
approach

Javier y yo seguimos nuestro camino y, *al acercarnos* al pueblo, vemos . . .

 EJERCICIOS

A. Preguntas. Answer each question in a complete Spanish sentence.

1. ¿Qué descubre Javier al bajar del coche?
2. ¿Qué tiene que hacer Javier?
3. ¿Quién viene para ayudarles a cambiar la rueda?
4. ¿Por qué no es problema para el chico cambiar la rueda?
5. ¿Para qué necesitan el gato?
6. ¿Quién puede arreglar el neumático desinflado?
7. ¿Qué tienen que hacer antes de ir al taller?
8. ¿Cuántos hijos hay en la familia de Andrés?
9. ¿Quién cuida a los niños?
10. ¿Cuánto dinero le paga Javier al padre de Andrés?

B. Vocabulario. Fill in each blank with a word taken from the chapter. The words are not in the order of the chapter and may not be in the same form.

1. Tenemos que _____ la computadora porque no funciona bien.
2. El coche tiene cuatro _____ .
3. Tengo que ir al _____ para arreglar el coche.
4. Mi amigo no vive en la ciudad. Vive en las _____ .
5. El carpintero no puede trabajar sin sus _____ .

6. No hay aire en el neumático. Está _____ .

7. Yo tengo quince años. Mi hermana tiene doce años. Ella es _____ que yo.

8. José es un buen _____ . Él puede arreglar casi todo.

9. En esa tienda pagamos menos dinero porque siempre dan _____ .

10. Antes de hacer un viaje ponemos la ropa en las _____ .

C. **Resumen.** Fill in the blanks to form a summary of the chapter.

1. Javier va a buscar la _____ _____ _____ porque el _____ está _____ .

2. Pero es necesario _____ _____ _____ .

3. Susana dice que quiere _____ .

4. Un _____ _____ y les _____ _____ _____ .

5. El chico sabe _____ la _____ porque su _____ _____ _____ _____ .

6. Deben _____ _____ _____ con _____ _____ .

7. El joven cambia _____ _____ en _____ _____ .

8. Luego van al _____ del _____ de _____ .

9. Pero primero tienen que _____ las _____ al _____ .

10. Llegan al _____ y _____ _____ de Andrés _____ el _____ .

11. Andrés les dice que su _____ _____ _____ a _____ _____ .

12. Javier paga al _____ y _____ su _____ .

D. **Diálogo.** Supply the missing lines of the following dialogue between a car mechanic and a driver who comes for repairs.

1. El Mecánico: ¿ _____?

   El Chofer: Tengo un neumático desinflado. ¿Puede Ud. arreglarlo?

2. El Mecánico: Sí, señor. Pero tiene que esperar un rato. Estoy muy ocupado.

   El Chofer: ¿ _____?

3. El Mecánico: No más de media hora.
   El Chofer: Tengo prisa. ¿Puede Ud. ayudarme ahora?

4. El Mecánico: _____
   El Chofer: No puedo esperar. ¿Hay otro taller cerca de aquí?

5. El Mecánico: _____
   El Chofer: Entonces, tengo que esperar.

E. What do Susana and Javier see as they enter the town? One of the following is correct. Check the beginning of the next chapter to find out if you are right.

1. un accidente entre dos coches
2. unas vacas en la carretera
3. una fila (line) de coches
4. un perro corriendo por la carretera

F. Suppose you were the author of this book. What else could señor Rodríguez have said to Javier after Javier asked him: "**¿Cuánto le debo, señor Rodríguez?**" Rewrite what señor Rodríguez says and Javier's response. Be polite!

Capítulo 21
Mateo, dame tu inteligencia.

Note to the student: Starting with this chapter, verbs used in the past tense (preterite or imperfect) will no longer be explained in the margins, since it is assumed that you have learned these two tenses by now. If not, your teacher will explain the verb forms. Actually, you might try to guess the meanings by yourself.

. . . una *fila* de coches delante de nosotros.

— Javier, voy a preguntarle a esa muchacha qué pasa— (a la muchacha) —Hola, señorita. ¿Por qué hay tantos coches en la carretera?

— Es porque en el pueblo hay *un desfile* para celebrar *la apertura* de nuestra escuela nueva. Pero Uds. no tienen que esperar mucho tiempo porque el desfile pronto va a terminar.

— Ah, *¡qué bien! Felicidades por* la escuela nueva.

— Gracias, señora. Y adiós.

En diez minutos el desfile terminó y estábamos en camino otra vez *rumbo a* Santiago de Compostela, en la región de España llamada Galicia. Llegamos a Villafranca del Bierzo a la hora del almuerzo y encontramos el parador sin dificultad.

fila lineup
desfile parade
apertura opening
¡Qué bien! That's great!
felicidades por congratulations on
rumbo a bound for

Después de un almuerzo ligero, exploramos el pueblo, que era muy tranquilo. El resto del viaje en coche fue un poco *aburrido*, sin reventones ni desfiles, ni guardias civiles. Al llegar a Santiago de Compostela, *no tardamos mucho tiempo en* encontrar nuestro hotel, que era muy céntrico.

Después de llegar, decidimos visitar la famosa catedral. Según la tradición, el Apóstol Santiago fue a España hace unos dos mil años para *predicar sus creencias*. Luego volvió a Jerusalén donde murió en el año 44 *d. de C.* Según *la leyenda*, sus *discípulos* transportaron su cuerpo a Galicia y lo enterraron allí. La leyenda nos dice también que en el año 812 *un ermitaño* vio una estrella brillante sobre *un campo. Se hicieron excavaciones* y *se encontró* intacto el cuerpo del Apóstol. Santiago se levantó de aquel sitio y *desde allí en adelante se encargó de* las batallas en España contra *los moros,* montado en su caballo blanco. Santiago *llegó a ser* el santo patrón de España, y su *sepulcro* llegó a ser el lugar *más sagrado* de España.

Después de instalarnos en nuestro hotel, Javier y yo fuimos a la catedral.

— Mira, Susana, a todas estas personas *en cola.*

— Quieren ver la estatua de Mateo y golpear sus cabezas contra la de la estatua.

Mateo fue el constructor *del Pórtico de la Gloria* de esta catedral. Según la tradición, *el que golpee* su cabeza contra la cabeza de la estatua puede *adquirir* la gran inteligencia de Mateo.

— Vamos a golpear la cabeza contra la estatua para ser más inteligentes.

— No es necesario, Javier. Tenemos toda la inteligencia que necesitamos.

— Pero, podemos tener un poco más. Pero, mira, al mismo tiempo hay que tocar con la mano la columna que está detrás de la cabeza de Mateo.

---

aburrido boring

no tardamos...en it didn't take us long to

predicar sus creencias preach his beliefs

d. de C. A.D.

leyenda legend

discípulos followers, disciples

ermitaño hermit

campo field

se hicieron excavaciones excavations were made

se encontró was found

desde allí en adelante from then on

se encargó de he took charge of

moros Moors (Arabs from North Africa)

llegó a ser became

sepulcro tomb, burial place

más sagrado holiest

en cola standing on line

Pórtico de la Gloria one of the entrances to the cathedral

el que golpee the one who bangs

adquirir acquire, get

Y así los dos golpeamos la cabeza contra la cabeza de
Mateo, también tocando la columna.

te sientes do
you feel
lo que siento
what I feel

— Ahora, Javier, ¿*te sientes* más inteligente?

— Posiblemente, pero *lo que siento* es un gran . . .

 **EJERCICIOS**

A. Preguntas. Answer each question in a complete Spanish sentence.
Remember not to lift the answers directly from the text in some
cases.

1. ¿Por qué había (was there) un desfile en el pueblo?
2. ¿Quién les dio la información a Susana y Javier?
3. ¿Cuánto tiempo duró el desfile?
4. ¿Cuándo llegaron a Villafranca del Bierzo?
5. ¿Qué hicieron después de almorzar?
6. ¿Cuándo visitaron la catedral?
7. ¿Quién fue Santiago?
8. ¿Quién murió en 44 d. de C.?
9. ¿Dónde enterraron a Santiago?
10. ¿Por qué es famoso el sepulcro de Santiago?
11. ¿Quién construyó el Pórtico de la Gloria de la catedral de
    Santiago de Compostela?
12. ¿Por qué quiere todo el mundo golpear su cabeza contra la cabeza
    de Mateo?
13. ¿Por qué quiere Javier golpear la cabeza contra la estatua?
14. Y, ¿qué cree Susana?

B. Vocabulario. Fill in each blank with a word taken from the chapter.

1. En una noche clara podemos ver muchas _____ en el cielo.
2. Ah, es tu cumpleaños; _____ .
3. Ese atleta tiene un _____ muy fuerte.
4. Hay un _____ en el pueblo para celebrar la llegada del Presi-
   dente.

5. No hay mucho ruido en nuestra calle. Es una calle _____ .

6. Para entrar en el cine tenemos que ponernos _____

   _____ .

7. Nuestra clase es muy _____ . Hacemos las mismas cosas todos los días.

8. La bomba hizo una gran _____ en la tierra.

9. Ese hombre vive solo en una montaña. Es un _____ .

10. El viejo _____ a la edad de noventa y cinco años.

C. **Resumen.** Here is your chance to be very original in summarizing the
   chapter. You will be given short phrases as hints and you will have to
   construct sentences around them. For example:

   preguntarle a una muchacha
   Susana va a preguntarle a una muchacha qué pasa en el pueblo.

You may work in pairs if this exercise is done in the classroom. The
teacher may award extra credit for the most original summaries.

1. apertura de una escuela nueva
2. ir a Santiago de Compostela
3. tomar el almuerzo
4. viaje aburrido
5. hotel céntrico
6. visitar la catedral
7. el santo patrón
8. gente en cola
9. golpear la cabeza
10. adquirir la inteligencia de Mateo

D. What does Javier feel after banging his head? There is really only one
   logical possibility. Do you know how to say it in Spanish? Check the
   beginning of the next chapter to see if you were right.

Capítulo 22

El lujo no es para nosotros esta vez.

... dolor de cabeza.

Pasamos un rato en la catedral, y luego nos paseamos por algunas rúas. La rúa es una calle estrecha que normalmente está *cubierta de arcos*. Por estas rúas hay toda clase de tiendas: librerías, *joyerías* y restaurantes.

— Susana, en la puerta de esa tienda hay un letrero que dice «pechado».

— *Debe de ser* la palabra gallega para «cerrado». Ahora recuerdo que aquí en Galicia hablan *gallego* además del *castellano*, y muchos de los letreros están escritos en las dos lenguas.

— Y aquí hay un letrero que dice «Hotel dos Reis Catolicos». Debe de ser «*Hostal* de *los Reyes Católicos*».

— Ah, ese hotel de gran lujo. Recuerdo que *hace unos años* paramos allí.

— Pues ahora cuesta demasiado. La inflación *ha llegado* también a España.

— Javier, creo que debemos comer en un restaurante típico de Galicia esta noche.

— Excelente idea. *Los hay muchos*.

---

cubierta de arcos covered with arches

joyerías jewelry shops

Debe de ser It must be

gallego a language resembling Portuguese that has become the accepted language of Galicia

castellano another name for "español," the standard language of Spain

hostal inn

los Reyes Católicos Ferdinand and Isabel, Rulers of Spain during the 15th century

hace unos años some years ago

ha llegado has arrived

Los hay muchos. There are many (of them)

Aquella noche comimos en un restaurante pequeño pero muy típico. Javier tomó un *caldo gallego, lacón con grelos,* y de postre, *una tarta de almendra.* Yo comí una *empanada de mariscos,* y de postre, frutas variadas. Y con la comida los dos tomamos vino *tinto.*

— *¡Qué cena más deliciosa, ¿verdad, Susana?*

— Claro. Siempre se come bien en Galicia.

Después de un largo paseo por Santiago, llegamos al hotel muy cansados.

— Esta noche vamos a dormir bien, Susana, porque nuestra habitación no da a la calle, donde hay tanta gente y tanto *bullicio.*

— *Espero que sí,* porque tengo mucho sueño.

Nos acostamos muy pronto y en pocos minutos nos dormimos.

— ¡Mu, mu!

— Javier, ¿qué es eso?

— Parece ser una vaca.

— ¿Una vaca, aquí en Santiago? No es posible.

— ¡Guau, guau!

— Pero, qué es eso, Susana?

— *Debe de ser* un perro.

— ¡Mu, mu! ¡Guau, guau!

— Oye, Javier. Creo que el perro y la vaca están conversando.

— Pero, ¿qué hora es?

— La una *de la madrugada.*

— Vamos a tratar de dormir.

caldo gallego a type of broth
lacón con grelos shoulder of pork with turnip tops
tarta de almendra almond pie
empanada de mariscos fish pie
tinto red
¡Qué cena más deliciosa! What a delicious dinner!
bullicio hustle and bustle
Espero que sí I hope so
Debe de ser It must be
de la madrugada in the morning

Por fin los dos nos dormimos otra vez.

gallo rooster
claro que of
course

— ¡Quiquiriquí! ¡Quiquiriquí!

— Susana, ¿oyes *un gallo*?

— ¡*Claro que* lo oigo! Voy a mirar por la ventana para ver lo que pasa.

— ¿Qué ves?

— ¡No lo vas a creer! Hay . . .

EJERCICIOS

A. **Preguntas.** Answer the following questions in complete Spanish sentences.

1. Después de salir de la catedral, ¿por dónde anduvieron Susana y Javier?
2. ¿Por qué no pararon Susana y Javier en el Hostal de los Reyes Católicos?
3. ¿Dónde comieron Susana y Javier esa noche?
4. ¿Qué comió Susana en el restaurante?
5. ¿Qué bebieron los dos con la cena?
6. ¿Por qué no pudieron dormir bien Susana y Javier?

B. **Vocabulario.** Fill in each blank with a word taken from the chapter.

1. La _____ es el animal que da leche.
2. No puedo hablar bien porque tengo un _____ de garganta.
3. De _____ quiero tomar helado con fruta.
4. Quiero dormir porque tengo mucho _____ .
5. En las calles de las ciudades grandes hay mucho ruido y _____ .
6. Necesito comprar algunos libros. Vamos a la _____ .
7. A causa de la _____ todos los precios son muy altos.
8. No quiero cocinar esta noche. Vamos a un _____ .

9. Es muy tarde. Ya son las tres de la _____ .

10. Después de un día de trabajo, mamá llegó a casa muy _____ .

C. Here is another chance for you to do an original summary. You will be given short phrases as hints and you will have to construct sentences around them. You may work in pairs if this exercise is done in the classroom. The teacher may award extra credit for the most original summaries.

1. pasear por rúas
2. ver Hostal de los Reyes Católicos
3. restaurante típico
4. comer bien y tomar vino
5. dar un paseo
6. dormir bien
7. oír ruidos de animales
8. querer ver la causa

D. Create your own dialogue between Susana and Javier, occurring after the line **"Nos acostamos muy pronto y en pocos minutos nos dormimos."** Here is a suggested dialogue which you may use directly or adapt, according to your teacher's instructions.

SUSANA: *Oh, what is that noise?*
JAVIER: *What noise? I don't hear anything.*
SUSANA: *Don't you hear a dog and a cow?*
JAVIER: *You're right. How is that possible?*
SUSANA: *I'm going to look out the window to see what's happening.*
JAVIER: *What do you see?*
SUSANA: *You can't guess* (adivinar)!

E. Okay, now you guess what is seen outside the window. Here are some suggestions, none of which may be the correct one.

1. un zoo pequeño de animales domésticos
2. un patio con varios animales
3. una granja (farm) con varios animales domésticos
4. un hombre que imita los sonidos (sounds) de varios animales.

Capítulo 23
Una ración de gambas a la plancha, por favor.

. . . una *granja* con vacas, *gallinas*, gallos, un perro muy grande, y quizás otros animales.

— ¿Qué vamos a hacer?

— Vamos a *cambiar de habitación* mañana o comprar *tapones para los oídos*. Entretanto, vamos a tratar de dormir otra vez. Son las cuatro de la madrugada.

A la mañana siguiente Javier habló con el recepcionista y le explicó nuestro problema.

— No se preocupe, señor Rivera. Podemos *cambiarles la habitación* sin problema. Pero sólo tenemos una habitación que da a la calle. *¿Les conviene?*

— Sí, sí. El ruido de la calle es preferible.

— De acuerdo. Uds. *podrán* tener la nueva habitación al mediodía. Si Uds. prefieren, un mozo *les ayudará* con el equipaje.

— Gracias, señor. Voy a informarle a mi esposa.

Javier y yo pasamos las dos siguientes noches más tranquilamente sin tener que usar tapones para los oídos.

---

granja farm
gallinas hens
cambiar de habitación change rooms
tapones para los oídos ear plugs
cambiarles la habitación change your room
¿Les conviene? Does that suit you?
podrán will be able
les ayudará will help you

Nuestro próximo destino era La Coruña, a una distancia de sólo 60 kilómetros. La Coruña es un *puerto* de Galicia, situado en el Atlántico en el extremo *noroeste* de España. Es una ciudad muy alegre y sus habitantes son muy simpáticos. En gallego la ciudad se llama «A Coruña». Tiene muchas calles estrechas donde hay una gran *cantidad* de restaurantes y bares. En los escaparates de los bares y los restaurantes se exhiben los diferentes platos que ofrecen. *Los mariscos* son muy comunes aquí porque es un *puerto marítimo*. Llegamos muy temprano por la tarde, y después de instalarnos en el hotel, fuimos a la agencia de coches para devolver el coche. Luego *nos dirigimos* en seguida a uno de los numerosos bares de la ciudad. (Hay que mencionar que un «bar» en Galicia no es *lo mismo que* un bar en los Estados Unidos. Estos bares son pequeños restaurantes donde se sirven los platos típicos de la región.)

— Javier; todos los bares están llenos de gente.

— No importa. *Vale la pena de* esperar. Vamos a entrar en este bar porque los platos parecen ser deliciosos.

— Y como todas las mesas están ocupadas, podemos *meternos* delante del mostrador.

— Buenas tardes, señores. ¿Qué *les puedo servir*?

— Para mí, *una ración de gambas a la plancha*. Y para la señora *una* de jamón asado.

— Y, ¿*de beber*?

— Dos *copas* del vino blanco de la casa.

— ¿Van a tomar *algo más*?

— Por el momento, no, gracias.

Javier y yo terminamos las raciones muy rápido y llamamos al camarero.

---

puerto port

noroeste northwest

cantidad number, quantity

mariscos seafood

puerto marítimo seaport

nos dirigimos we went

lo mismo que the same as

Vale la pena de It's worthwhile to

meternos place ourselves

les puedo servir can I serve you

una ración de gambas a la plancha a portion of grilled prawns

una a portion

de beber to drink

copas glasses (for wine)

algo más anything else

— *Díganme*, señores.

— ¿Qué quieres, Javier?

— Una ración de *jamón serrano*. ¿Y tú?

— Una ración de *calamares fritos*.

— Tráiganos una ración de jamón serrano y una de calamares fritos.

— En seguida, señores. ¿Quieren más vino?

— No, gracias. *Basta* una copa para cada uno.

— De acuerdo.

Al salir del bar, oímos una voz muy *conocida* que me saludaba.

— ¡Hola, Susana!

Díganme What will you have?

jamón serrano cured ham

calamares fritos fried squid

Basta is sufficient

conocida familiar

EJERCICIOS

A. Preguntas. Answer each question with a full sentence in Spanish.

1. ¿Qué vio Susana por la ventana?
2. ¿Qué iban a hacer para evitar (avoid) el ruido?
3. ¿A qué hora se acostaron otra vez?
4. ¿Qué tipo de habitación le ofreció el recepcionista a Javier?
5. ¿Por qué la aceptó Javier?
6. ¿Adónde fueron después de Santiago de Compostela?
7. ¿En qué parte de España está La Coruña?
8. ¿Cómo son los habitantes de La Coruña?
9. ¿Adónde fueron Susana y Javier después de instalarse en el hotel?
10. ¿Por qué no se sentaron a una mesa en el bar?
11. ¿Por qué llamaron al camarero después de terminar las primeras raciones?

B. Vocabulario. Fill in each blank with a word taken from the chapter.

1. Miramos el _____ de la tienda para ver lo que venden.
2. ¿Cuántas _____ de calamares comiste?
3. _____ , por favor, traiga Ud. la cuenta.
4. En ese restaurante comemos bien porque sirven comidas
   _____ .
5. Es difícil andar por esta calle _____ .
6. ¿Quieren Uds. más ensalada? No, gracias, esto _____ .
7. Tengo que _____ este libro a la biblioteca.
8. Nueva York y San Francisco son _____ de mar.
9. Perdón, ¿está _____ esta silla?
10. El mozo puede ayudarles con el _____ .
11. No podemos entrar en el cine porque está _____ .
12. Vamos a _____ de hotel porque no nos gusta.

C. Resumen. Write a ten-sentence summary of the chapter using the following guides.

1. Susana and Javier are going to change rooms because of (a causa de) the noise.
2. Meanwhile they go back to sleep at four A.M.
3. The next morning the receptionist says there is no problem, but the new room faces the street.
4. At noon they change rooms and the bellboy helps them with the baggage.
5. They spend the next two nights very peacefully.
6. Their next destination is La Coruña which is 60 kilometers away.
7. La Coruña is a cheerful city with very nice people, and its seafood is delicious.
8. After they return the car, they look for a small restaurant.
9. They have to place themselves at the bar because there are no free tables.
10. Each one (cada uno) has (tomar) two portions of food but only one glass of wine.
11. As they leave the restaurant, they hear a familiar voice.

D. Another cliffhanger. Who says hello to Susana as she and Javier leave the restaurant? Your guess is as good as those of your classmates. Here are some suggestions, which include the correct one. Check with the beginning of the next chapter to see if you were right.

1. un colega (colleague) de Susana
2. un alumno de Susana
3. la madre de Susana
4. el recepcionista del hotel
5. el rey de España

Capítulo
24
Fecha *equivocada*

Note to the student: In this chapter you will encounter some verb forms in the *vosotros* form because this is the form used for the second person plural familiar in Spain. Your teacher will review the forms with you before you read the chapter.

Era Francisco López, *un colega mío.*

— Francisco, ¿que haces aquí en La Coruña?

— ¿No recuerdas, Susana, que soy de aquí? Estoy pasando el verano con mis padres.

— *¡Cuánto me alegro* de verte! Y, *¡qué casualidad!* Tú conoces a mi marido, Javier, ¿verdad?

— Sí, *nos conocimos* en Nueva York en casa de Rosa Flores, nuestra amiga mutua. ¿Cómo estás, Javier?

— Muy bien, Francisco. Me alegro de verte otra vez.

— ¿Cuánto tiempo vais a pasar en La Coruña?

— Tres días— contesta Javier. Y luego vamos a tomar el avión para Pamplona para ver el espectáculo de los toros.

— ¿Dices Pamplona? Pero el espectáculo de los toros termina mañana. Empezó, como siempre, el siete de julio, y dura ocho días.

equivocada
  wrong
colega colleague
¡Cuánto me alegro...! How glad I am...!
¡qué casualidad! What a coincidence!
nos conocimos we met

127

— ¡Ay, Dios mío!— gritamos los dos.

— Creíamos que el espectáculo empezaba el dieci-
siete de julio.

— No, Susana. *Te equivocaste de fecha.*

— Ahora sé por qué era tan fácil conseguir una
reserva en un hotel en Pamplona— dijo Javier.

— Yo puedo resolver el problema. Podéis llamar a la
Línea Iberia para *anular* la reserva del avión y
también podéis llamar al hotel en Pamplona para
anular la reserva de la habitación. Ah, y también
tenéis que llamar al hotel en Madrid para hacer
una reserva. Y tengo una idea maravillosa. *Podréis*
ver el último espectáculo mañana por la mañana.

— Pero, ¿cómo?— preguntamos los dos *a la vez.*

— Muy fácilmente. *Supongo* que tenéis *un televisor*
en vuestra habitación. Pero, tenéis que levan-
taros muy temprano porque el espectáculo
comienza a las seis de la mañana. Y mañana por
la noche podéis cenar en nuestra casa si *os conviene.* Mi mamá es *una cocinera* excelente.

— ¿*Qué te parece,* Javier?

— *Estaríamos encantados.* ¿A qué hora, entonces?

— A las nueve. Sabéis que en España *se cena* muy
tarde. Aquí tenéis nuestra dirección y nuestro
número de teléfono. Hasta entonces, amigos.

— Hasta mañana por la noche— (a Javier) —¿Qué
quieres hacer ahora?

— Podemos visitar la *torre.*

— ¿Qué torre?

Te equivocaste de fecha. You had the wrong date.

anular cancel

podréis you'll be able

a la vez at the same time

Supongo I suppose

televisor television set

os conviene it's okay with you both

cocinera cook

¿Qué te parece? What do you think?

Estaríamos encantados. We'd be delighted.

se cena dinner is eaten

torre tower

EJERCICIOS

A. **Preguntas.** Answer each question in a complete Spanish
sentence.

1. ¿Quién era Francisco López?
2. ¿Por qué estaba Francisco en La Coruña?
3. ¿Quién es Rosa Flores?
4. ¿Adónde pensaban Susana y Javier ir después de La Coruña?
5. ¿Qué descubrieron Susana y Javier?
6. Según Francisco, ¿cómo iban Susana y Javier a ver el espectáculo de los toros?
7. ¿Por qué les dio Francisco a Susana y Javier su dirección y su número de teléfono?
8. Después de despedirse de (saying good-bye to) Francisco, ¿qué quiso hacer Javier?

B. Vocabulario. Fill in each blank with a word taken from the chapter.

1. La _____ de este restaurante prepara unos platos deliciosos.
2. Quiero escribirle una carta a Manuel, pero no sé su _____ .
3. La corrida de _____ comienza a las cinco de la tarde.
4. El profesor trató de _____ el conflicto entre dos estudiantes.
5. Es difícil _____ una reserva en ese hotel en el verano.
6. Hoy es el _____ día de clases. Mañana empiezan las vacaciones.
7. Esta noche hay un gran _____ en el Teatro Colón.
8. Hoy vamos a _____ en nuestro restaurante favorito.
9. ¡Qué _____ ! Tú aquí en Madrid.

C. Resumen. Write a ten-sentence summary of the chapter using the following guides.

1. Susana asks Francisco what he's doing in La Coruña.
2. He tells her that he's spending the summer with his parents who live there.
3. Francisco asks them how long they will be in La Coruña.
4. When he learns (**se entera**) that they intend (**piensan**) to go to Pamplona, he tells them that the bull spectacle is ending the next day.
5. Susana and Javier cancel their reservations to go to Pamplona.
6. Francisco says that they can see the spectacle on television the next morning.

7. He also invites them to have dinner (**los invita a cenar**) at his parents' house that same night.
8. They accept his invitation and ask for (**piden**) his address and phone number.
9. Then they decide to visit the tower.

D. Time for more originality. With a classmate construct an eight-line dialogue between you and a friend you meet in a city in Spain. Use the conversation at the beginning of this chapter as a guide. Here is an example to guide you, but make sure yours is sufficiently different.

USTED:	Diana, ¿qué haces aquí en Madrid?
DIANA:	Estoy aquí visitando a unos amigos.
USTED:	¡Qué casualidad! (coincidence) Yo estoy aquí con algunas amigas de la universidad.
DIANA:	¿Les gusta Madrid?
USTED:	Sí, nos encanta. Hay mucho que ver y hacer.
DIANA:	¿Dónde viven tus amigas?
USTED:	En un barrio nuevo en las afueras de la ciudad. ¿Quieres pasar algún tiempo con nosotros algún día?
DIANA:	Estaría encantada. Vamos a citarnos (make a date).

E. Back in chapter 11, the agent in the car-rental office was about to tell Javier something when he was interrupted by a phone call. What do you suppose he was going to tell him but then forgot? You should know the answer after reading this chapter. Try to express your idea in a short Spanish sentence.

F. The authors do not expect you to guess what tower Susana and Javier intend to visit (unless you've been to La Coruña). So go right on to the next chapter to find out.

Capítulo 25
Todo el mundo se divierte aquí.

— La Torre de Hércules.

— Ah, sí, la Torre de Hércules. Pero es muy difícil encontrarla. Vamos a preguntarle a ese señor. (al señor) Perdón, señor. ¿Cómo podemos llegar a la Torre de Hércules?

— No es muy complicado. Sigan Uds. *todo derecho*, tres *manzanas*. Luego *doblen* a la derecha y sigan cuatro manzanas más. Luego doblen a la izquierda y sigan once manzanas más hasta llegar a la torre.

— Muchas gracias, señor.

— De nada, señores.

— Susana, creo que que es muy complicado llegar a la torre. Podemos visitarla en otra ocasión.

— ¡Y en taxi!

La Torre de Hércules fue construida por los romanos en el siglo I *d. de C.* Hoy día es el *único faro* romano conservado en el mundo, y todavía *sirve de* faro. Es una gran atracción turística de La Coruña.

Al volver al hotel, *lo primero* que hicimos fue hacer las tres llamadas telefónicas necesarias. Y luego echamos una siesta.

todo derecho straight ahead

manzanas blocks

doblen turn

d. de C. A.D.

único faro only lighthouse

sirve de is used as

lo primero the first thing

Esa noche, después de cenar en un restaurante típico, dimos un paseo por las calles estrechas de la ciudad, donde vimos los numerosos bares, y tiendas. Pasamos por un parque donde oímos la música de una banda que tocaba, y vimos a muchas *parejas* que bailaban.

parejas couples
¡Qué ciudad más alegre! What a cheerful city!
encenderla turn it on

— *¡Qué ciudad más alegre!* Parece que todo el mundo se divierte.

Vamos a entrar en el parque y acompañar a las parejas que bailan.

Pasamos media hora bailando y pasando un buen rato.

— Javier, creo que debemos regresar al hotel. ¿Recuerdas que mañana tenemos que levantarnos temprano para ver el espectáculo de los toros en la televisión.

— De acuerdo. Vámonos entonces.

— Y antes de acostarnos, podemos ver las noticias en la televisión.

Al entrar en la habitación, Javier cogió el control remoto de la televisión para *encenderla*.

— ¡Caramba!

— ¿Qué pasa, Javier?

— ¡El televisor . . .

EJERCICIOS

A. Preguntas. Answer each question in a complete Spanish sentence.

1. ¿Qué querían visitar Susana y Javier?
2. ¿Por qué no la visitaron?
3. ¿Quiénes construyeron la Torre de Hércules?

4. ¿Qué hicieron Susana y Javier antes de echar una siesta?
5. ¿Qué hay en las calles de La Coruña?
6. ¿Qué hacían muchas parejas en el parque?
7. ¿Para qué entraron Susana y Javier en el parque?
8. ¿Cuánto tiempo pasaron allí?
9. ¿Por qué tenían que levantarse temprano?
10. ¿Qué hizo Javier después de entrar en la habitación?

B. **Vocabulario.** Fill in each blank with a word taken from the chapter.

1. En el salón de baile varias _____ bailaban.
2. Para saber lo que pasa en el mundo hay que ver las _____ en la televisión.
3. Este problema aritmético es muy _____ . No lo entiendo.
4. Los barcos siguen la luz del _____ para no perderse en la noche.
5. Ya es de noche. Hay que _____ las luces.
6. Para llegar a ese edificio tenemos que _____ la esquina.
7. Anoche recibí cuatro _____ telefónicas de mis amigos.
8. No vayan Uds. ni (either) a la derecha ni (or) a la izquierda. Sigan _____ .

C. Write a ten-sentence summary of the chapter using the following guides.

1. *It was* (**Era**) *complicated to find the "Torre de Hércules," so* (**así que**) *Susana and Javier decided to go another time.*
2. *Susana and Javier made their three phone calls before taking* (use infinitive) *a nap.*
3. *That night they had dinner in a typical restaurant and then took a walk.*
4. *They heard music in a park and went in* (**para**) *to dance with the other couples.*
5. *They had a good time in the park and spent a half-hour there.*
6. *They had to return their hotel because they had to get up early* (**para**) *to see the show on television.*

7. *They decided to watch* (**ver**) *the news but there was* (**hubo**) *a problem.*

D. What do you think follows the final words of the chapter? Here are some suggestions, none of which may be correct. If you think that none of the choices is the correct one, supply your own. Then check the beginning of the next chapter.

1. . . . no está aquí.
2. . . . no tiene sonido (sound).
3. . . . no tiene imagen (picture).
4. . . . tiene un solo canal (channel).

E. Would you like to give another title to the chapter? Choose a new panel of judges to choose the best one given.

Capítulo 26
Toros en la calle

. . . no funciona!

— Voy a llamar al recepcionista.

— Recepción. ¿En qué puedo servirle?

— Nuestro televisor no funciona.

— Ah, creo que conozco el problema. Detrás de su cama hay *un interruptor. Púlselo.*

— Espere Ud. un momento. Javier, pulsa el interruptor que está detrás de la cama.

— *Ya lo pulsé.* ¿Y ahora qué? ¡Ah, la televisión está *encendida*!

— (al recepcionista) Muchas gracias, señor. Todo está bien ahora.

— De nada, señora. Esto pasa con frecuencia.

— Ahora podemos ver las noticias, Susana.

Javier y yo miramos la televisión y, como teníamos mucho sueño, nos dormimos muy pronto con el televisor encendido. Unas horas después un ruido fuerte nos despertó.

— Susana, ¿qué hora es?

— Son las seis de la mañana. Mira la televisión.

interruptor
switch
Púlselo. Press
it.
Ya lo pulsé. I
already
pressed it.
encendida
(switched) on

Las bandas empiezan a tocar. Las calles están llenas de gente. A las siete *explota un cohete,* que significa que las puertas del corral están abiertas. Y entonces los toros se escapan a la calle y el *encierro* comienza. En dos minutos los toros llegan a *la plaza de toros* y otro cohete anuncia que los toros están en los corrales de la plaza de toros.

— Susana, mira a tantas personas corriendo con los toros. Creo que están locas.

— *Por eso* hay muchos accidentes.

Alguien grita que la corrida de toros va a empezar. La plaza está llena de espectadores que esperan ver a los famosos *toreros*. Como siempre, la corrida de toros es muy *emocionante*.

Después de ver la corrida en la televisión, Javier y yo *volvimos a dormir*. (¡Esta vez *apagamos* la televisión!). Por la tarde, *nos dirigimos* a la famosa *dársena*, que está *bordeada de* casas con *fachadas rodeadas de cristal,* *comúnmente* llamadas *galerías*. Allí vimos los barcos que estaban *anclados el uno junto al otro*. Era un día muy *soleado* y pudimos *sacar* muchas fotos. En Galicia llueve mucho y un día soleado es raro, *aun* en verano. *Teníamos suerte*.

— Javier, no olvides que estamos invitados a casa de los López esta noche. Tenemos que comprarles un regalo.

— ¿Qué recomiendas?

— En esta calle hay varias *confiterías*. Podemos llevarles una caja de dulces o una *tarta* de frutas.

— Pues, vamos a entrar en esta confitería. Los dulces y las tartas que están en el escaparate parecen *exquisitos*.

— Buenas tardes, señores. ¿En qué puedo servirles?

---

explota un cohete a rocket explodes

encierro running of the bulls

plaza de toros bullring

Por eso that's why

toreros bullfighters

emocionante exciting

volvimos a dormir went back to sleep

apagamos we turned off

nos dirigimos we went

dársena seaport (dock)

bordeada de lined with

fachadas...cristal façades surrounded by glass

comúnmente commonly

galerías galleries (type of window)

anclados...otro anchored next to each other

soleado sunny

sacar to take

aun even

Teníamos suerte. We were lucky.

confiterías pastry shops

tarta cake, pie

exquisitos delicious

 **EJERCICIOS**

A. **Respuestas.** Here is a new type of exercise. Each statement is the answer to a question that you are asked to make up. The statements are based on the chapter. Start each question with the words supplied.

1. El televisor no funcionaba. ¿Por qué . . .
2. Tenía que pulsar un interruptor que estaba detrás de la cama. ¿Qué . . .
3. Tenían mucho sueño. ¿Por qué . . .
4. Se despertaron a las seis. ¿A qué hora . . .
5. Vieron el espectáculo de los toros. ¿Qué . . .
6. Un cohete explota. ¿Cómo se sabe que . . .
7. Muchas personas corren con los toros. ¿Por qué . . .
8. Muchos espectadores están allí. ¿Quiénes . . .
9. Los vieron en la dársena. ¿Dónde . . .
10. Era un día soleado. ¿Por qué . . .
11. Fueron a una confitería. ¿Adónde . . .

B. **Vocabulario.** Fill in each blank with a word taken from the chapter.

1. Con todo el _____ de la calle no podemos dormir.
2. Es el cumpleaños de mi hermana y quiero comprarle un _____ .
3. Es muy _____ ver una corrida de toros.
4. Vamos a tomar el _____ para cruzar el río.
5. No puedo usar mi computadora porque no _____ .
6. En una _____ se puede comprar dulces y tartas.
7. Voy a _____ la luz antes de dormir.
8. En la plaza de toros hay más de mil _____ .
9. Si tienes _____ , vas a ganar la lotería.
10. No podemos encender la luz porque el _____ está roto.

C. **Resumen original.** Here is a challenge. See if you can write a ten-sentence summary of this chapter without any guides. If you do this exercise in class, your teacher may want you to work in groups. Be careful not to lift words and phrases directly from the text, especially dialogue. For example, where Susana calls the receptionist and says **"Nuestro televisor no funciona,"** you should say **"Susana llama al recepcionista para decirle que el televisor no funciona."** Or, if your teacher wants you to practice using the preterit and imperfect tenses, you could say **"Susana llamó al recepcionista para decirle que el televisor no funcionaba."**

D. Although there is no cliffhanger at the end of this chapter, you have probably surmised that the last line is spoken by a clerk in the pastry shop. Write five more lines of dialogue as a follow-up, assuming you are the buyer. Here are some hints.

DEPENDIENTA:	Buenas tardes, señores. ¿En qué puedo servirles?
USTED:	*(We wish to buy a cake as a gift* [como regalo]*.)*
DEPENDIENTA:	*(Do you like anything in the window?)*
USTED:	*(Yes, there is a large chocolate cake.)*
DEPENDIENTA:	*(It is excellent and delicious, and costs only 5,90 euros. Would you like* (**le gustaría**) *to purchase it?)*
USTED:	*(Yes, but please* [**Haga Ud. el favor de . . .**] *wrap it as a gift).*

Capítulo 27
Favor de pagar en la caja.

—Señorita, ¿cuánto vale esa tarta de chocolate que está en el escaparate?

—Seis euros, señora. Es la mejor que tenemos. *Le va a gustar* mucho. *¿Se la envuelvo?*

—¿Te gusta la tarta, Javier?

—Sí, sí. ¡Cómo no! *A mí me encantan* las tartas de chocolate.

—*Nos quedamos con* la tarta.

—De acuerdo. Favor de pagar en *la caja.*

En España y en otros países de Europa, en las tiendas donde se venden *comestibles,* es la costumbre pagar en la caja. *Se le paga a la cajera (o al cajero),* quien *le da* un *recibo* para *devolverse* al vendedor (o a la vendedora).

—Susana. ¿A qué hora tenemos que estar en casa de *los López*?

—A las nueve. Pero vamos a volver al hotel y dejar la tarta en *la nevera* de la habitación. Si no, la tarta puede *estropearse.*

—Pues, vámonos entonces. Déjame ver el plano de la ciudad. Ah, no estamos muy lejos del hotel.

Le va a gustar You'll like it

¿Se la envuelvo? Shall I wrap it for you?

A mí me encantan I love (I'm crazy about)

Nos quedamos con We'll take

caja cashier's window

comestibles eatable goods

Se le paga a la cajera You pay the cashier

le da gives you

recibo receipt

devolverse to give back

los López the Lopez family

nevera refrigerator

estropearse spoil

141

En quince minutos llegamos al hotel y metimos la tarta en la nevera de la habitación. Luego salimos otra vez a ver los sitios de la ciudad.

lista ready
no olvidemos
let's not forget
Por poco se me olvida. I almost forgot.
casa de pisos apartment house
portero automático intercom

(por la noche)

— Vámonos, Susana. Ya son las ocho y media y los López nos esperan a las nueve.

— Estoy *lista*.

— Y *no olvidemos* la tarta.

— Ah, sí. *Por poco se me olvida*. Voy a sacarla de la nevera.

Cuando bajamos a la entrada del hotel, un mozo nos consiguió un taxi en seguida.

— No hay problema, señores— dijo el mozo. —Siempre hay varios taxis esperando delante del hotel.

Le dimos la dirección al taxista y en quince minutos llegamos a casa de los López. La familia de Francisco vive en el piso veinte de *una casa de pisos* muy moderna. Para entrar en la casa, hay que llamar al piso por *un portero automático* (un interfono).

— Pero, ¡esto no puede ser!

— ¿Qué pasa, Javier?

— No encuentro el nombre en la lista de pisos.

— Pero, ¿cómo es posible?

EJERCICIOS

A. **Respuestas.** Each statement is the answer to a question that you are asked to make up. The statements are based on the chapter. Start each question with the words supplied.

1. Compraron una tarta. ¿Que . . .
2. Costó seis euros. ¿Cuánto . . .
3. Tenían que poner la tarta en la nevera. ¿Por qué . . .
4. Salieron a las ocho y media. ¿A qué hora . . .
5. Fueron en taxi. ¿Cómo . . .
6. Hay que llamar al piso por un portero automático. ¿Qué . . .
7. El nombre no estaba en la lista de pisos. ¿Qué problema . . .

B. **Vocabulario.** Fill in each blank with a word taken from the chapter.

1. Vamos, José. Estás _____ para ir al cine con nosotros?
2. Favor de pagarle al _____ .
3. En España hay algunas _____ que son diferentes a las nuestras (from ours).
4. En el _____ de esta tienda hay una chaqueta que quiero comprar.
5. Tienes que poner la leche en la _____ .
6. Para escribirle a mi amigo en Barcelona, necesito su _____ .
7. En España los apartamentos se llaman _____ .
8. Para llegar a la otra parte de la ciudad, tenemos que mirar el

   _____ .

9. La carne, los vegetales y los huevos son _____ .

C. **Resumen original.** Here is another chance for you to write an original summary of the chapter. Follow the directions in the previous chapter. Here is a starting sentence:

   Susana y Javier entran (entraron) en la confitería para comprar una tarta de chocolate para la familia López.

D. Why do you think our friends cannot find the name of López in the building's directory? Here are some suggestions, one of which is the correct one.

1. Se equivocaron de casa. (They went into the wrong house).
2. Los López se mudaron (moved).
3. Alguien quitó (removed) el nombre de la lista.
4. Javier no miró la lista con cuidado (carefully).

Capítulo 28
Una noche muy agradable

— Espera un momento. ¿Cuál es la dirección de esta casa?

— 124.

— Ah, es la casa *equivocada*. La dirección de los López es 122.

— Es la próxima casa. ¡Qué *tontos* somos!

En treinta segundos pasamos a la casa de los López y encontramos su nombre en la lista. *El ascensor* subió muy rápidamente y encontramos a Francisco esperándonos cuando salimos del ascensor.

— Hola, amigos. *Bienvenidos* a nuestra casa. Mis padres tienen muchas ganas de conoceros.

— Y nosotros también tenemos ganas de conocer a tus padres — dije yo.

Los padres de Francisco nos esperaban a la puerta del piso.

— Hola. *Pasen Uds.*— dijo la madre de Francisco.

— Tenemos mucho gusto en *conocerlos a Uds.*— dijo el padre.

equivocada wrong

tontos silly

ascensor elevator

bienvenidos welcome

Pasen Uds. Come in.

conocerlos a Uds. to meet you

— El placer es nuestro— dijo Javier.

— Esto es para Uds.— dije yo.

— Oh, muchas gracias, pero no era necesario traer nada— dijo la madre. —Oh, la tarta parece deliciosa. La voy a meter en la nevera para más tarde.

El piso de los López era muy moderno y tenía una vista magnífica de la ciudad.

— Mi hijo siempre habla de Uds.— dijo el padre.

— Somos muy buenos colegas y amigos— dije yo.

— Vamos a la sala a charlar un rato antes de cenar— dijo la madre.

— ¡Qué hermosa vista de la ciudad tienen Uds.!— dijo Javier.

— Es verdad, especialmente *de noche*, cuando la ciudad está iluminada— dijo el padre.

Durante la cena hablábamos de los cambios que *se habían hecho* en España. Los padres de Francisco nos preguntaban muchas cosas acerca de la vida en los Estados Unidos. Pasamos una noche muy agradable, pero *se hacía tarde* y ya *era hora de despedirnos*.

— ¿Cuándo salen Uds. de La Coruña?— nos preguntó el padre de Francisco.

— *Pasado mañana*— contestó Javier. —Tenemos un vuelo para Madrid.

— Pues, *les deseo* un buen viaje y *que vuelvan* pronto a La Coruña— dijo la madre.

— Y, pronto *nos veremos* en Nueva York— añadió Francisco.

— *Nos ha gustado* mucho la cena y *hemos pasado* un rato muy agradable— dije yo.

---

de noche at night

se habían hecho had occurred

se hacía tarde it was getting late

era hora de despedirnos it was time to say good-bye

pasado mañana day after tomorrow

les deseo I wish you both

que vuelvan come back

nos veremos we'll see each other

Nos ha gustado We have liked

hemos pasado we have spent

— Hasta nuestro próximo viaje a La Coruña, señores López— añadió Javier.

unos cuantos
several
destino fijo
fixed
destination
**adondequiera
que sea**
wherever it
may be
finales the end
el comienzo the
beginning

Francisco nos acompañó al ascensor.

— ¿Cuánto tiempo vais a pasar en Madrid?

— *Unos cuantos* días— contestó Javier. —Y, después, no tenemos *un destino fijo.* En Madrid vamos a hacer planes para el resto del verano.

— Pues, amigos, os deseo un feliz viaje, *adondequiera que sea.*

— Gracias, Francisco. Hasta *finales* del verano y *el comienzo* de las clases. Adiós.

— Hasta luego.

EJERCICIOS

A. **Preguntas.** Answer each question in a complete Spanish sentence.

1. ¿Por qué no encontró Javier el apellido López en la lista de pisos?
2. Al salir Susana y Javier del ascensor, ¿quién los esperaba?
3. ¿Quién le dio el regalo a la madre?
4. ¿Qué hicieron antes de la cena?
5. ¿Qué se podía ver desde la ventana del piso?
6. ¿Qué querían saber los padres de Francisco acerca de los Estados Unidos?
7. ¿Por qué tenían que despedirse Susana y Javier?
8. ¿Quiénes se verán (will see one another) en Nueva York?
9. ¿Qué pensaban hacer en Madrid Susana y Javier?

B. **Vocabulario.** How inventive are you? By now you should be able to create simple sentences in Spanish. Use the following words from the chapter in original sentences. You may use sentences from the chapter, but varied. For example, if you are given the word "equivocado," you may write "**Fue el edificio equivocado**," which is a variation of "**es la casa equivocada**." Here are the words:

1. tonto
2. el ascensor
3. el placer
4. la vista
5. charlar
6. pasado mañana
7. el vuelo
8. el destino
9. la dirección
10. próximo
11. bienvenido
12. tener ganas de
13. mucho gusto en
14. de noche
15. acerca de
16. pasar un rato

C. Here is another chance to write an original summary of the chapter. Here is a starting sentence. You can write nine more sentences.

    1. Susana y Javier encontraron la casa que buscaban.

D. **Diálogo.** Assume you and your traveling companion are invited to dinner at the house of a friend who lives in a city in Spain. Construct a dialogue in Spanish of ten lines using the following guides if you wish. If you wish to be original, you need not follow the guides. You may work in groups if your teacher directs you to.

1. AMIGO / A: *Welcome to our house. Please come in.*
   USTED: *Thank you. We're glad to be here. This is for you.*

2. AMIGO / A: *Oh, thank you very much, but that isn't necessary.*
   USTED: *Oh, but we appreciate (**apreciar**) your invitation.*

3. AMIGO / A: *Please sit down here in the living room. Would you like to have (**tomar**) some drinks?*
   USTED: *Yes, thank you. You have a magnificent view of the city.*

4. AMIGO / A: *We can see the whole city from (**desde**) our apartment.*
   USTED: *You're very lucky. Our apartment faces (**da a**) a courtyard (**patio**).*

5. AMIGO / A: *Here are your drinks. Let's toast (**brindar**) to our friendship (**amistad**).*
   USTED: *Good idea. Good friends are hard to find (**difíciles de encontrar**)*

E. Did you find the title of this chapter uninteresting? Why not make up your own and let a panel of your peers judge which one is the best in the class?

Capítulo 29
Aquí se habla catalán.

— Creo que un viaje a España no es completo sin una visita a Barcelona. ¿Qué crees, Javier?

— Tienes razón. Vamos a llamar a «Iberia» mañana por la mañana para cambiar nuestro vuelo.

— Y también tenemos que anular nuestra reserva en el hotel de Madrid.

Al volver al hotel, le preguntamos al recepcionista si había vuelos a Barcelona para el día siguiente.

— Voy a consultar el ordenador. Sí, hay un vuelo directo al mediodía.

— Gracias, mañana *llamaremos* a «Iberia».

— Señor, ¿tienen Uds. reserva en un hotel?

— No, señor.

— *En esta época* casi todos los hoteles están *completos*. Si Uds. quieren, puedo hacerles una reserva en nuestra *sucursal* en Barcelona. ¿Cuántos días piensan Uds. quedarse en Barcelona?

— Susana, ¿cuántos días quieres quedarte en Barcelona?

— Por lo menos tres. Hay mucho que ver y hacer.

llamaremos we'll call

En esta época At this time of year

completos full

sucursal branch

— De acuerdo, señores. Voy a llamar al hotel ahora. Creo que tienen habitaciones.

El recepcionista llamó al hotel y nos reservó una habitación para tres noches. A la mañana siguiente nos levantamos temprano y llamamos a la Línea Aérea Iberia para anular nuestro vuelo a Madrid y reservar dos *plazas* en el vuelo para Barcelona. *Tuvimos suerte* porque muchas veces los aviones están llenos. Esta vez teníamos que *recoger* los billetes en el aeropuerto. También llamamos al hotel en Madrid para anular nuestra reserva. A las doce *en punto* el avión despegó y en menos de una hora llegamos al aeropuerto de Barcelona.

— ¡Qué suerte tenemos, Susana! Nuestro hotel está muy cerca de la Plaza de Cataluña, el centro de todas las actividades de Barcelona.

— ¿Y *has visto* cómo se escribe Plaza de Cataluña?

— Sí, se escribe en catalán (o **català**, como dicen los catalanes), *el idioma* oficial de esta parte de España. *Plaça de Catalunya*: P-l-a-ç-a d-e C-a-t-a-l-u-n-y-a. Tenemos que *acostumbrarnos a* oír esta lengua aunque no la hablamos. En vez de escribir «plaza» con *zeta*, se escribe con una «cedilla», como en francés. *Los catalanes* están muy *orgullosos* de su idioma y consideran *el castellano* como su segundo idioma.

— Y hay muchos catalanes que quieren *independizarse* de España y formar su *propio* país, pero el *gobierno* central está *en contra de* esto.

— *Mientras tanto* todavía es parte de España aunque prefieren hablar catalán.

— Pues, ¿adónde vamos primero?

plazas spaces, seats

Tuvimos suerte We were lucky

recoger pick up

en punto exactly, on the dot

¿Has visto...? Have you seen...?

el idioma language (synonym of la lengua)

acostumbrarnos a get accustomed to

zeta the letter z

Los catalanes The Catalonians (the inhabitants of Cataluña)

orgullosos proud

el castellano Spanish (another name for **el español**)

independizarse to become independent

propio own

gobierno government

en contra de against

Mientras tanto Meanwhile

— A Las Ramblas, donde andan todos los *barceloneses*.

Las Ramblas (**Les Rambles**, en catalán) son cinco calles que forman un largo *paseo peatonal*. A cada lado del paseo van los coches. (Las Ramblas están en el centro). Por Las Ramblas hay *quioscos* donde se venden libros, periódicos y revistas. También hay quioscos en que sólo se venden flores y otros donde se venden pájaros y otros animales. Por todas Las Ramblas hay *retratistas* siempre *dispuestos a retratar a cualquier transeúnte*. Las Ramblas van desde la Plaza de Cataluña hasta el puerto. Queridos lectores, Uds. pueden imaginarse cuántas veces al día Javier y yo *hemos recorrido* esta distancia.

— Como somos buenos *paseantes*, vamos a empezar nuestra *caminata* en la Plaza de Cataluña y andar hasta el puerto. ¿Qué te parece, Javier?

— *Vale*, pero primero vamos a mirar los escaparates de El Corte Inglés para ver si hay algunas gangas.

— *En esta época* hay las *liquidaciones* del verano y *han rebajado* los precios.

— Pero, *cuidado*. Estamos *de viaje* y las compras tienen que *caber* en las maletas.

— Entonces, *por ahora*, sólo podemos mirar.

Después de *contemplar* los escaparates de «El Corte Inglés», empezamos nuestro *recorrido* por Las Ramblas. Al pasar por uno de los quioscos, oímos una voz muy *extraña* que nos saludaba en catalán.

— **Bon dia. Com va? Com es diu? Vull menjar poma. Adéu.**

— Pero, ¿quién nos habla en catalán?

---

barceloneses inhabitants of Barcelona

paseo peatonal pedestrian walk

Por along

quioscos kiosks, stands

retratistas portrait artists

dispuestos... transeúnte ready to sketch any passerby

hemos recorrido we have traveled, gone along

paseantes strollers, walkers

caminata walk

Vale Okay (in Spain)

En esta época At this time of year

liquidaciones clearance sales

han rebajado they have lowered

cuidado be careful

de viaje on a trip, traveling

caber to fit

por ahora for now

contemplar looking at

recorrido walk, trip

extraña strange, odd

EJERCICIOS

A. Answer each question with a full sentence in Spanish.

1. ¿Por qué llamaron Susana y Javier a Iberia?
2. ¿Por qué consultó el ordenador el recepcionista?
3. ¿Cuánto tiempo pensaban quedarse en Barcelona Susana y Javier?
4. ¿A qué hora dejaron el aeropuerto?
5. ¿Por qué tenían suerte?
6. ¿Qué es el catalán?
7. ¿Qué desean hacer muchos catalanes?
8. ¿Qué son Las Ramblas?
9. ¿Qué se puede comprar en Las Ramblas?
10. ¿Qué hacen los retratistas?
11. ¿Qué hicieron Susana y Javier antes de pasear por Las Ramblas?
12. ¿Qué oyeron cerca de un quiosco?

B. Resumen. Here are some entries in Susana's diary. Rewrite them in full sentences, adding as many words as you think necessary.

1. llamar Iberia / cambiar vuelo
2. día siguiente / ir a Barcelona / mediodía
3. recepcionista / hacer reserva hotel
4. llamar Madrid / anular reserva
5. hotel / cerca de / actividades
6. catalán / lengua oficial / independizarse / gobierno en contra
7. ir / Las Ramblas / quioscos
8. empezar / caminata / Plaza / puerto
9. antes / mirar escaparates / Corte Inglés
10. oír / voz extraña / catalán

C. Originality. Here are some words and phrases used in the chapter. Try to use each one in an original sentence in Spanish. But make your sentences brief to avoid making errors. Your teacher may wish you to work in groups.

1. un viaje
2. tener razón
3. el vuelo
4. el ordenador (la computadora)
5. la sucursal
6. quedarse
7. de acuerdo
8. la habitación
9. tener suerte
10. lleno
11. tener que + *inf.*
12. el billete
13. en punto
14. menos de
15. el idioma
16. acostumbrarse a
17. propio
18. el gobierno
19. el quiosco
20. retratar
21. recorrer
22. el escaparate
23. cuidado
24. saludar

D. Who could be greeting our two friends in "catalán"? The authors don't think you can guess, but you can try. If you think you know the answer but don't know the Spanish equivalent, use a dictionary (hopefully you have one). If not, say it in English and then wait for the next chapter for the answer.

Capítulo 30
¡Cuidado con los tiburones!

— Mira, Susana. Es un *loro.*

— Pero, no podemos hablar con ese loro porque sólo habla catalán.

— Es verdad. Pues, *sigamos* andando.

— Estos retratistas *se encuentran por todas partes.*

— Y algunos son muy buenos.

— *¿Quiere Ud. que le haga un retrato,* señor?— preguntó un retratista.

— No, gracias. Quizá en otra ocasión.

— ¿Y usted, señora?

— No, no. Ahora no. Pero, muchas gracias.

— Susana, parece que ese hombre *tendrá que* buscar otros clientes.

— Es verdad. Sigamos andando.

— Este *quiosco* contiene tantos libros y revistas en varias lenguas. Vamos a buscar algunos para leer en el avión.

— ¡*Vaya una* selección! No sé dónde empezar.

Javier y yo pasamos casi media hora *escogiendo* material para leer y por fin seguimos andando hacia el puerto, *cargados de* libros y revistas.

loro parrot
sigamos let's continue
se encuentran... partes are everywhere
¿Quiere...un retrato...? May I draw your portrait?
tendrá que will have to
quiosco newsstand
Vaya una What a
escogiendo choosing
cargados de loaded down with

—Aquí está el Monumento a Colón, *o sea*, **Monument à Colom**, como dicen los catalanes.

—Y *se le ve señalando* el mar— dijo Javier.

Esta parte de Barcelona *se renovó por completo* especialmente para los Juegos Olímpicos de 1992. Desde el Monumento a Colón hay una serie de puentes pequeños que conducen al puerto donde *se ha construido* un *complejo* de tiendas elegantes, bares, restaurantes y *puestos* de comida rápida.

—Susana. Todo esto es nuevo para nosotros. Vamos a cruzar los puentes para ver el nuevo complejo.

—Y dicen que el Acuario es magnífico. Tenemos que visitarlo. Pero no estoy segura de dónde está exactamente.

—¿Buscan Uds. algo, señores?— nos preguntó un joven.

—Sí, señor. ¿Sabe Ud. dónde queda el Acuario?

—*Pues sí*, señora. Síganme Uds. Yo los llevo. No queda muy lejos.

En tres minutos llegamos al Acuario y le dimos las gracias al joven.

—De nada, señores. *Por desgracia* hay mucha gente esperando en cola. Pero, vale la pena. Hasta luego y *que se diviertan*.

Esperamos casi media hora y al fin pudimos entrar en el Acuario. Se dice que este acuario es el más grande de Europa. Contiene varios tanques que representan la vida marina del Mar Mediterráneo.

—Mira, Javier. Un túnel de cristal. Vamos a entrar.

o sea or rather

se le ve señalando you can see him pointing to

se... completo was completely done over

se ha construido has been constructed

complejo complex

puestos stands

Pues sí Of course, Oh yes

Por desgracia Unfortunately

que se diviertan enjoy yourselves

— Ah, *no he visto* nunca tal colección de vida marina subacuática.

— Y *fíjate en* los *tiburones* que nos miran.

— *¡Me alegro de que estén* al otro lado del cristal!

— *¡Miedoso!*

La visita al Acuario fue *sumamente emocionante*. Los barceloneses *han construido* un complejo *bastante imponente*. Uno *podría* quedarse allí todo el día sin ver todos los lugares de interés.

— Y ahora, Javier, ¿adónde quieres ir?

— A Montjuïc.

no he visto I have not seen

fíjate en los tiburones look at the sharks

Me alegro... estén I'm glad that they are

Miedoso Scaredy cat

sumamente emocionante extremely exciting

han construido have constructed

bastante imponente rather imposing

podría could

 EJERCICIOS

A. Preguntas. Answer each of the following questions in a complete Spanish sentence.

1. ¿Quién saludaba a Susana y Javier?
2. ¿Por qué no podían conversar con él?
3. ¿Quién deseaba hacer un retrato de Susana y Javier?
4. ¿Dónde compraron libros y revistas Susana y Javier?
5. ¿Qué hay al final de las Ramblas?
6. ¿Cómo se puede andar desde el Monumento de Colón hasta el puerto?
7. ¿Qué hay en el complejo nuevo?
8. ¿Qué decidieron visitar?
9. ¿Quién los llevó allí?
10. ¿Cuánto tiempo tuvieron que esperar para entrar en el Acuario?
11. ¿Dónde vieron los tiburones?
12. ¿Adónde quiso ir Javier después de visitar el Acuario?

B. Vocabulario. Use each of the following words or phrases in original Spanish sentences.

1. por todas partes	7. señalar	13. por desgracia	18. tal
2. un retrato	8. por completo	14. Vale la pena	19. fijarse en
3. parece	9. el puente	15. casi	20. miedoso
4. la revista	10. el puesto	16. al fin	21. emocionante
5. escoger	11. cruzar	17. el túnel	22. bastante
6. el puerto	12. de nada		

C. **Resumen.** Here are some more entries from Susana's diary. Rewrite them in full sentences, adding as many words as you think necessary.

1. loro / hablar catalán
2. retratista / querer / hacer retrato
3. quiosco / comprar / libros y revistas
4. llegar / Monumento a Colón
5. puerto / cruzar puentes / nuevo complejo
6. visitar / Acuario / esperar media hora
7. túnel de cristal / tiburones

D. **Diálogo.** Assume that Susana decided to have her portrait painted by one of the "retratistas" on the Ramblas. Construct a dialogue between her and the artist using the following guides.

SUSANA: *(Asks how much the portrait would cost.)*
ARTISTA: *(Gives first price of 6 euros.)*
SUSANA: *(Thinks it is too much* [**demasiado**]. *)*
ARTISTA: *(Asks how much she wants to pay.)*
SUSANA: *(Says she'll pay 3 euros.)*
ARTISTA: *(Says he'll accept 4,50 euros.)*
SUSANA: *(Says she has only 3,60 euros in her purse* [**el bolso**].*)*
ARTISTA: *(Says okay* [**vale**] *but he's losing money.)*

E. What do you think Montjuïc is? It is pronounced "mon-JWEEK," in which the "j" sounds like the "s" in "pleasure." Here are some possibilities, one of which is correct. Your teacher may wish to give extra credit to those who guess correctly.

1. a steep hill with museums and an amusement park on top
2. a mountain with a religious shrine on top
3. a fashionable neighborhood
4. an ancient castle converted to a hotel
5. the city prison
6. a discotheque

Capítulo 31
Estos gansos tienen quinientos años.

— Desde aquí, creo que la mejor manera de ir a Montjuïc es por el funicular que está en la estación *Paral.lel* del *metro*. Este funicular nos lleva muy cerca del Museu Fundació (Museo Fundación) Miró. Podemos visitar el museo por un rato y luego ver los otros lugares de interés de Montjuïc.

Montjuïc es un monte que contiene varios museos, *entre los cuales* está el famoso Museu Fundació Miró, que contiene una maravillosa colección de las obras de Joan Miró, el célebre artista catalán. Además, hay un parque de atracciones, un estadio olímpico y el famoso Poble Espanyol (Pueblo Español), construido para la Exhibición Internacional de 1929. El pueblo contiene calles, plazas y edificios que representan varias partes de España. Después de visitar el museo, Javier y yo fuimos a ver el «Estadi Olímpic» (Estadio Olímpico), que es parte de un gran *complejo deportivo*. Este estadio fue el lugar de la inauguración y la conclusión de los Juegos Olímpicos de 1992. El estadio *da cabida* a 65,000 espectadores.

— Javier, creo que *ya hemos hecho lo suficiente* para un día. Vamos a volver al hotel para descansar un rato. Mañana es otro día.

Paral.lel (the Catalan spelling)
metro subway
entre los cuales among which
complejo deportivo sports complex
da cabida holds
ya...suficiente we've already done enough

— Buena idea. Yo estoy un poco cansado. Vamos a bajar por el funicular.

Para regresar al hotel, pasamos por el *Barri Gòtic (Barrio Gótico)*, la parte vieja de Barcelona. Muchos de los edificios datan del siglo XIV. El centro de este barrio es la «Plaça de Sant Jaume» (Plaza de San Jaime) que contiene el *Ayuntament (Ayuntamiento)*. Al otro lado de la plaza está el Palau de la Generalitat (Palacio de la Generalidad), la *sede* del gobierno catalán. Detrás del Palau está la Seu (la Catedral) que data del siglo XV. Parte de la Catedral es un *claustro* construido en el siglo XIV. Este claustro contiene un jardín con *palmeras* y, *lo más fascinante*, unos *gansos* blancos que *graznan*.

— Javier, se dice que estos gansos *han estado* aquí por más de quinientos años.

— Es verdad. Pero creo que no son los mismos gansos.

—¡*Claro que no*!

Como el hotel está muy cerca de la catedral, llegamos en muy poco tiempo.

— Buenas tardes, señores Rivera — dijo la recepcionista. —Hay un *recado* telefónico para Uds.

— ¿Un recado? ¿Quién *pudiera ser*?— preguntó Javier con curiosidad.

— Pues, vamos a leerlo.

Barrio Gótico Gothic Quarter
Ayuntamiento City Hall
sede seat, center, headquarters
claustro cloister
palmeras palm trees
lo más fascinante the most fascinating thing
gansos geese
graznan honk
han estado have been
Claro que no Of course not
recado message
pudiera ser could it be

EJERCICIOS

A. Respuestas. Each statement is the answer to a question that you are asked to make up. This time the question words are not supplied.

Sometimes several questions can receive the same answer. For example, in question 5, you can say "**¿Quién quiso regresar al hotel?**" or "**¿Qué quiso hacer Susana después de visitar Montjuïc?**"

1. Está en la estación Paral.lel.
2. Querían ver otros lugares de interés.
3. Hay museos, un parque de atracciones y otros lugares de interés.
4. Fueron allí después de visitar el museo.
5. Susana quiso regresar al hotel.
6. Bajaron por el funicular.
7. Es la parte antigua de Barcelona.
8. Está al otro lado del Ayuntamiento.
9. Hay unos gansos blancos.
10. Está cerca de la catedral.
11. Recibieron un recado telefónico.

B. **Resumen.** Here are some sentences whose Spanish versions are similar to those in the chapter, but not exactly the same. Give the Spanish equivalents of the sentences. The result will form a summary of the chapter.

1. *The funicular took them near the museum.*
2. *They were able to see other places of interest.*
3. *After seeing the museum, they went to the Olympic Stadium.*
4. *They returned to the hotel to* (**para**) *rest a while.*
5. *To* (**Para**) *go back to the hotel, they passed through the old part of the city.*
6. *They saw honking geese in the cloister of the cathedral.*
7. *They arrived at the hotel in a short time.*
8. *The receptionist said that there was* (**había**) *a phone message for them.*

C. Who could be sending our friends a message? Perhaps they have friends in Barcelona. Would you like to venture a guess? Check with the next chapter for the answer.

Capítulo 32
¡Qué sorpresa!

— Bienvenidos a Barcelona. *Llamadme* al 412 32 09. Rita.

— El recado es de Rita — dijo Javier — tu amiga en Barcelona.

— Ah, sí, le escribí en Nueva York, *dándole* el nombre de nuestro hotel en Madrid. Pero, ¿cómo sabe que estamos en Barcelona? La voy a llamar ahora mismo.

— Vamos a llamarla desde la habitación.

— Bien, vamos a subir.

— *Diga.*

— Rita, ¿eres tú? Soy Susana.

— Ah, Susana, ¿cómo estás? Y, ¿cómo está Javier?

— Los dos estamos muy bien. ¿Cómo sabías que estábamos en Barcelona?

— Tú me escribiste desde Nueva York, *dándome* el nombre de vuestro hotel en Madrid. Llamé al hotel en Madrid y me dijeron que *vosotros habíais ido* a Barcelona. También me dieron el número de vuestro hotel aquí en Barcelona.

— ¡Qué *lista* eres! ¿Cuándo podemos verte?

Llamadme Call me (vosotros command)
dándole giving her
Diga Hello
dándome giving me
habíais ido had gone
lista clever

—Mañana estoy libre casi todo el día. Trabajo por la tarde. Vamos a almorzar juntos y luego podemos dar una vuelta por la ciudad.

—Perfecto. ¿Dónde podemos *reunirnos?*

—*Digamos* delante de la entrada principal de «El Corte Inglés». ¿*Os conviene a la una?*

—Creo que sí. Voy a preguntarle a Javier.— (a Javier) —Rita quiere reunirse con nosotros a la una para almorzar. ¿Está bien?

—Pues sí. *Me gustaría* verla otra vez.

—De acuerdo, Rita. *Nos veremos* mañana a la una. Hasta entonces.

—Hasta luego. *Espero con ansia veros.*

—¡Qué sorpresa! ¿Eh, Javier? *No hemos visto* a Rita desde la última vez que estuvimos aquí en Barcelona.

—Y ella es una persona muy simpática y *sociable.*

reunirnos get together
Digamos Let's say
¿**Os...una?** Is one o'clock okay with you?
Me gustaría I would like
Nos veremos We'll see each other
Espero...veros. I'm looking forward to seeing you.
No hemos visto We haven't seen
sociable outgoing
había sido frecuentado had been frequented
adivinar guess

Javier y yo cenamos esa noche en «Agut d'Avinyó», un restaurante muy popular en el Barrio Gótico. Este restaurante *había sido frecuentado* por el famoso artista Pablo Picasso, cuando vivía en Barcelona. Y nuestros lectores pueden *adivinar* lo que hicimos después de comer.

EJERCICIOS

A. Preguntas. Answer each question in a complete Spanish sentence.

1. ¿Quién era Rita?
2. ¿Qué dijo Rita en su recado?
3. ¿Por qué subieron Susana Javier a su habitación?
4. ¿Cómo sabía Rita que Susana y Javier estaban en Barcelona?
5. ¿Dónde y por qué iban a reunirse los tres amigos?
6. Según Javier, ¿qué tipo de persona es Rita?

7. ¿Por qué es famoso «Agut de'Avinyó»?

8. ¿Por qué fueron allí Susana y Javier?

B. Give the Spanish equivalent of each sentence to form a summary of the chapter.

1. *Susana called her friend Rita from their room.*

2. *Rita asked how Susana and Javier were.*

3. *Susana asked Rita how she knew they were in Barcelona.*

4. *The three friends decided to meet the next day for lunch (**para almorzar**).*

5. *Rita was looking forward to seeing her friends again.*

6. *That night Susana and Javier had dinner (**cenar**) in a popular restaurant.*

7. *Can you (**Uds.**) guess what they did after dinner?*

C. Now, after all your readings, you should know what our two friends did after dinner. But, we'll give you some choices anyway, one of which is correct.

1. Se enfermaron (*They got sick*) y fueron al hospital.

2. Se negaron (*They refused*) a pagar la cuenta.

3. Dieron un paseo por la ciudad.

4. Fueron a la playa para nadar.

5. Volvieron al hotel para dormir.

Capítulo 33
Pero no hay una iglesia adentro.

Sí, Uds. tenían razón. Nosotros dimos un largo paseo por las calles estrechas del Barrio Gótico, y luego volvimos al hotel.

(al día siguiente)

— Hola, amigos. ¿Cómo estáis? Me alegro de veros en Barcelona.

— Hola, Rita. Estamos muy bien. Nos alegramos mucho de verte. *¿Qué hay de nuevo?*

— *Sin novedad.* Las cosas *siguen igual.* ¿Qué hacéis aquí en Barcelona?

— Un viaje a España no es completo sin visitar Barcelona.

— Es verdad. Ésta es una ciudad muy emocionante. Pues, vamos a almorzar. Conozco un restaurante muy bueno muy cerca de aquí, y los precios son *módicos.*

Durante el almuerzo Rita nos contó unos detalles de su vida. Dijo que *había cambiado de empleo* y que estaba

¿Qué hay de nuevo? What's new?
Sin novedad. Nothing new.
siguen igual are the same
módicos moderate
había cambiado de empleo had changed jobs

muy contenta con su nuevo *puesto*. También dijo que gana-
ba más dinero y había encontrado un *piso* más grande.
Nos preguntó acerca de la vida en los Estados Unidos y
tenía muchas ganas de visitar nuestro país algún día.

— Si algún día visitas los Estados Unidos, *podrás*
quedarte con nosotros en Nueva York— le dije yo.
— Ah, eso me gustaría. *He oído decir* tanto acerca
de Nueva York, especialmente los *rascacielos*. Y
ahora vamos a visitar una de las atracciones más
famosas de Barcelona. ¿*Habéis visto* la Sagrada
Familia?
— No, nunca *hemos ido* a verla —contestó Javier.
— Entonces, vamos a la Sagrada Familia. Podemos
ir a pie. *Os va a gustar.*

Mientras íbamos hacia La Sagrada Familia, Rita nos
contó algo acerca de su historia. Antoni Gaudí fue el
famoso arquitecto que *se encargó de* la construcción del
Templo de la Sagrada Familia. Durante 43 años trabajó en
la construcción del templo y murió antes de terminarlo.
Otros arquitectos han tratado de completarlo, pero hasta
hoy día está *sin terminar*. *Desde afuera* parece ser una
iglesia porque sólo *se ven las fachadas* y los *chapiteles* altos. *Poco a poco la parte de adentro* empieza a tener el as-
pecto de una iglesia.

— Vamos a andar por el Passeig de Gràcia, o Paseo
de Gracia en castellano— dijo Rita. *Podremos* ver
varios edificios con *fachadas onduladas,* cons-
truidas por Gaudí. Ahora llegamos a la más
interesante de las casas, la Casa Battlò.
— *¡Qué raro!* Susana, mira esa casa. Las *rejas* de
los balcones están *torcidas* y *se parecen a unos
ojos malévolos.*

puesto job
piso apartment
podrás you'll be able
He oído decir I have heard
rascacielos skyscrapers
Habéis visto Have you seen
hemos ido we have gone
Os va a gustar. You're going to like it.
se encargó de took charge of
hoy día today, nowadays
sin terminar unfinished
Desde afuera From outside
se ven las fachadas you can see the façades
chapiteles spires, towers
Poco...adentro Little by little the inside part
podremos we'll be able
fachadas onduladas wavy (rippled) façades
¡Qué raro! How strange!
rejas railings
torcidas twisted, distorted
se parecen... malévolos look like evil eyes

— Y todo esto—, dijo Rita —es la obra de Gaudí. Pero, vamos a seguir andando hacia la Sagrada Familia. *Os advierto que es una caminata bastante larga.*

— Eso no importa—, dije yo —porque nos gusta pasear mucho.

— Entonces, *destino* Sagrada Familia.

Nuestra visita a la Sagrada Familia fue muy emocionante. Había mucha construcción por todo el sitio. Subimos por el ascensor a una de las torres y pudimos ver una parte de la ciudad desde *lo alto* de la torre.

— Parece que nunca van a terminar la iglesia— dijo Javier.

— *No seas* pesimista— dijo Rita. Van a terminarla aunque *queda mucho trabajo por hacer.*

— Vamos a bajar— dije yo. Estoy *mareada.*

— De acuerdo— dijo Rita. —Pero la visita *valió la pena*, ¿verdad?

— Sí, es una obra magnífica.

Al acercarnos al ascensor, todos gritamos «¡Ay!» Vimos que . . .

Os...larga. I warn you that it's quite a long walk

destino destination

lo alto the top

No seas Don't be

queda...hacer there's a lot of work left to do

mareada dizzy

valió la pena was worthwhile

EJERCICIOS

A. Respuestas. Each statement is the answer to a question that you are asked to make up. The statements are based on the chapter. Start each question with the words supplied.

1. Dieron un paseo y después regresaron al hotel. ¿Qué...
2. Al día siguiente se encontraron con Rita. ¿Con quién..., ¿Cuándo...

3. Almorzaron en un restaurante cerca de El Corte Inglés. ¿Dónde...

4. Les contó algunos detalles de su vida. ¿Qué...

5. Rita había cambiado de empleo. ¿Por qué..., ¿Quién.... ¿Qué...

6. Quería visitar los Estados Unidos. ¿Qué...

7. Rita podía quedarse con Susana y Javier. ¿Con quiénes...

8. Fueron a visitar la Sagrada Familia. ¿Qué...

9. Fue Antoni Gaudí. ¿Quién...

10. Se ven las fachadas y los chapiteles. ¿Por qué...

11. Están en el Passeig de Gràcia. ¿Dónde...

12. Subieron por el acensor. ¿Cómo...

13. Estaba mareada. ¿Por qué...

B. **Resumen.** Give the Spanish equivalent of each sentence to form a summary of the chapter.

1. *After taking a long walk, Susana and Javier went back to their hotel.*

2. *They were very glad to see their friend Rita.*

3. *Rita asked them what they were doing in Barcelona.*

4. *They went to have lunch in a restaurant near there.*

5. *During lunch Rita told them a few details about her life in Barcelona.*

6. *She told them she wanted to visit the United States some day.*

7. *She wanted to see the skyscrapers of New York.*

8. *After lunch they went to see the Sagrada Familia.*

9. *She told them that Antoni Gaudí was the arquitect of the unfinished temple.*

10. *It looks like a church from the outside because of the façades and spires.*

11. *They walked along the "Passeig de Gràcia" and saw the "Casa Battlò" with façades built by Gaudí.*

12. *Their visit to Sagrada Familia was very exciting.*

13. *They went up in the elevator to see the city.*

14. *Susana wanted to go down because she was dizzy.*

15. *They thought the Sagrada Familia was a magnificent work of art.*

C. What did our friends see as they approached the elevator? One of the following phrases could begin the next chapter to complete the last sentence of this chapter. Which do you think it is?

1. . . . el ascensor no funcionaba.
2. . . . un ladrón les apuntaba (was aiming) un revólver.
3. . . . empezaba a llover.
4. . . . había una mujer desmayada (unconscious) en el suelo del ascensor.
5. . . . un policía quería detener (arrest) a Javier.

D. **Diálogo original.** Without any aids or hints, construct an eight-line dialogue between either Susana or Javier and Rita, in which they discuss their visit to the "Sagrada Familia." Your teacher may ask you to work in groups.

Capítulo 34
Sin título

. . . el ascensor no funcionaba. ¿Qué íbamos a hacer?

— Podemos bajar por la escalera—, dijo Rita —pero hay 400 *escalones.*

— ¡Cuatrocientos escalones!— gritamos los dos.

— Ah, *esperad* un momento. Creo que el ascensor empieza a funcionar ahora. Era una *avería temporal*— dijo Rita.

— *Menos mal*— dije yo. —Vamos a bajar ahora mismo.

— *¿Os ha gustado* la visita?— nos preguntó Rita.

— Sí— contestó Javier. —Es una obra magnífica.

— Pues, amigos, tengo que *despedirme* porque tengo que ir a trabajar. Durante esta *época* trabajo por las tardes. Vamos a la estación del metro, que está muy cerca de aquí.

En dos minutos llegamos a la estación y nos despedimos de Rita.

— Me alegraba mucho de veros y espero que *volváis* pronto a Barcelona.

escalones steps
esperad wait (**vosotros** command)
avería temporal temporary breakdown
Menos mal Thank goodness
¿Os ha gustado...? Did you like...?
despedirme say good-bye
época time
volváis you'll return

— Y nosotros tuvimos mucho gusto en verte otra vez— contesté yo.

— Hasta nuestra próxima visita a Barcelona—, dijo Javier —o quizás tu visita a Nueva York.

— ¿Quién sabe? Podéis tomar el metro aquí para regresar a vuestro hotel.

— *No hace falta.* Javier y yo preferimos ir a pie, como siempre.

— Entonces, adiós.

— Hasta luego—, dijimos los dos —y gracias por todo.

— De nada. *Ha sido* un placer.

— ¿Tienes hambre, Javier?

— No mucha. No quiero comer, pero podemos tomar la merienda en el bar *de enfrente.*

Como nos quedaba sólo un día en Barcelona, decidimos visitar el famoso Parc (Parque) Güell y pasar el resto del tiempo paseando y *gozando de* los varios puntos de interés que ofrece la ciudad. El Parc Güell es otra obra *inacabada* de Gaudí. Algunos de sus *rasgos sobresalientes* son un enorme banco serpentino de mosaico, una galería de columnas *majestuosas* y unos *pabellones* de piedra *torcida.* Se ve el elemento surrealista aquí.

No se puede terminar una descripción de Barcelona sin mencionar Tibidabo. En la parte *noroeste* de la ciudad está el *Monte* de Tibidabo que contiene una iglesia moderna y un gran parque de atracciones que es un *paraíso* para niños (y también para los adultos). La vista desde Tibidabo es espectacular. Los barceloneses le dan el nombre de «La muntanya magica» (La montaña mágica).

Pues, amigos lectores, llegamos al final de las aventuras de Susana y Javier en España durante un verano de vacaciones. Nuestros amigos *han viajado* por otras partes de

No hace falta. It's not necessary.

Ha sido It has been

enfrente across the street

Como...día Since we had only one day left

gozando de enjoying

inacabada unfinished

rasgos sobresalientes outstanding traits

majestuosas majestic

pabellones pavilions

torcida twisted, contorted

noroeste northwest

monte mountain

paraíso paradise

han viajado have traveled

España, pero esto puede ser material para otro libro.
Adiós por ahora.

EJERCICIOS

A. Preguntas. Answer each question in a complete Spanish sentence.

1. ¿Por qué gritaron los tres?
2. ¿Por qué no tenían que bajar por la escalera?
3. ¿Qué pensaba Javier de la Sagrada Familia?
4. ¿Por qué tenía Rita que despedirse?
5. ¿Cómo fue Rita a su trabajo?
6. ¿Por qué no tomaron el metro Susana y Javier?
7. ¿Por qué fueron a un bar Susana y Javier?
8. ¿Quién fue el arquitecto del Parc Güell?
9. ¿Qué hay en Tibidabo?
10. ¿Dónde está situado Tibidabo?

B. Resumen. Give the Spanish equivalent of each sentence to form a summary of the chapter.

1. *They did not want to use the stairs because there were 400 steps.*
2. *But then the elevator began to work after a temporary breakdown.*
3. *Rita asked them if they liked the Sagrada Familia.*
4. *They thought it was a magnificent work.*
5. *Rita had to say good-bye because she had to go to work.*
6. *The three walked to the metro station and said good-bye.*
7. *Susana and Javier went into a bar across the street (para) to have a merienda.*
8. *Their last day in Barcelona they visited Parc Güell and other interesting sights of the city.*
9. *Parc Güell has some outstanding features.*
10. *Susana gave the readers* (a los lectores) *a description of Mount Tibidabo which has a spectacular view of Barcelona.*

11. Our friends ended the book saying good-bye to their readers.

C. The authors have left the title of this chapter to you. Can you make up an appropriate title? You and your classmates should vote for the best title and your teacher might decide on a prize for the winner.

Vocabulario

abierto open (9)
abrigo coat (7)
aburrido boring (9)
acerca de about, concerning (9)
acercarse a to approach (10)
acompañar to accompany (17)
acostarse (ue) to go to bed, lie down (22)
acuerdo: de acuerdo agreed, okay (8)
afueras *f. pl.* outskirts (24)
aire: al aire libre outdoors (6)
¡ajá! ahah! (9)
alegrarse de + *inf.* to be glad to (33)
algo something (9)
alguno (algún) some (16)
almorzar (ue) to have lunch (13)
almuerzo lunch (13)
amable pleasant, kind (4)
añadir to add (9)
ancho wide (6)
andar to walk (6)
ante before, in front of (4)
antes (de) before (13)
antipático disagreeable, unfriendly (9)
anular to cancel (29)
árbol *m.* tree (5)
arreglar to fix, repair (18): to arrange
arriba above (9)
arrimar to move up (19)
asado roasted (14)
ascensor *m.* elevator (5)
avión *m.* airplane (2)
ayudar to help (17)

bailar to dance (25)
bajar to go down (9); bajar de + *vehicle* to get out of (19)
banco bench (10)
barco boat (25)

barrio neighborhood (24)
beber to drink; ¿De beber? What will you have to drink? (14)
biblioteca library (23)
billete *m.* ticket (2)
buscar to look for (4)

cada each, every (1)
caer(se) to fall (16)
caliente hot (18)
cama bed (17)
camarero waiter (6)
cambiar to change (20)
cambio change (28)
caminar to walk (9)
camión *m.* truck (12)
cara face (18)
¡Caramba! Confound it! (13)
carretera road, highway (12)
carro car (5)
casi almost (9)
castillo castle (14)
causa: a causa de because of (7)
cenar to have dinner (15)
cerca de near (5)
cerrar (ie) to close (9)
charlar to chat (28)
cielo sky (9)
cierto certain (4)
claro of course (15)
clase *f.* class; kind (6)
coche *m.* car, automobile (1)
cocinar to cook (22)
coger to take hold of (25)
cola line of people; hacer cola to wait in line (9)
común common (23)
comenzar (ie) to begin, start (5)
como as, like; since (4)
cómo how (3)
cómodo comfortable (3)
conducir to drive (11)

conocer   to know, be acquainted with (24)
conseguir (i)   to get, obtain (11)
consejo (consejos)   advice (13)
contar (ue)   to tell (20); to count
contra   against (10)
cordero   lamb (14)
correr   to run (9)
costumbre *f.*   custom (1)
creer   to believe, think (4)
cruzar   to cross (8)
cuadro   picture (9)
cuarto   room (5)
cuenta   bill, check (23)
cuerpo   body (21)
cuidar   to take care of (20)
cumpleaños *m., s. & pl.*   birthday (19)

debajo de   under (10)
deber   to owe (20);   **deber** + *inf.* to have to, must
dejar   to leave (4); to let
delante de   in front of (8)
delgado   thin (6)
demasiado   too much (18)
dentro de   within (3)
derecho   right;   **a la derecha**   to the right (8)
desayuno   breakfast (19)
descansar   to rest (5)
descanso   rest (10)
descubrir   to discover (20)
desde   from (11); since
despacio   slowly (16)
despedirse (i) de   to say good-bye to (28)
despegar   to take off (plane) (29)
despertar(se) [ie]   to wake up (26)
después (de)   after (5)
destino   destination (3)
detalle *m.*   detail (33)
detrás de   behind, in back of (1)
devolver (ue)   to return, give back (11)

dirección *f.*   address (10)
dirigir   to direct (13)
discutir   to discuss (9)
divertirse (ie)   to enjoy oneself, have a good time (6)
doblar   to turn (a corner) (17)
dolor *m.*   pain (22)
dormir (ue,u)   to sleep;   **dormirse**   to fall asleep (22)
dulces *m. pl.*   candy (26)
durante   during (11)
durar   to last (10)

echar: echar una siesta   to take a siesta (nap) (25)
edificio   building (9)
emocionante   exciting (33)
empezar (ie)   to begin, start (9)
encantado   thrilled, charmed
encantar: me encanta(n)   I love (8)
encontrar(ue)   to find;   **encontrarse con**   to meet (8)
enseñar   to teach (4)
enterrar (ie)   to bury (21)
entonces   then (8)
entrada *f.*   entrance (14)
entre   between, among (15)
entretanto   meanwhile (10)
escalera   staircase (34)
escaparate *m.*   store window (23)
espectáculo   show, spectacle (24)
esperar   to wait; to hope (1)
esquina   corner (of a street) (17)
estación *f.*   season (10)
estacionado   parked (11)
estacionar   to park (13)
estrecho   narrow (22)
estrella   star (21)

fecha   date (4)
fin *m.*   end;   **por fin**   finally (12)
final *m.*   end (11)
firmar   to sign (5)
fresco: hace fresco   it is cool (16)
fuerte   strong, loud (26)

funcionar to work (apparatus, machine) (26)

gana: tener ganas de + *inf.* to be anxious to (28)
ganar to earn (33); to win
ganga bargain (29)
garganta throat (22)
golpear to hit, bang
gordo fat (6)
gritar to shout (10)
gusto pleasure (11); **tener mucho gusto en** + *inf.* to be very glad to (28)

habitación *f.* room (5)
habitante *m. & f.* inhabitant (8)
hace + *time* ago (21)
hacia towards (33)
hambre: tener hambre to be hungry (19)
hasta until (10)

igual same, equal (6)
instalarse to settle (21)
invierno winter (9)
izquierdo left; **a la izquierda** to the left (8)

jamón *m.* ham (23)
jugar (ue) to play (10)
juntos together (10)

kilómetro kilometer (5/8 of a mile) (12)

lado side; **al lado de** next to (5)
lástima pity (7)
lejos de far from (5)
lentamente slowly (16)
letrero sign (11)
levantar to raise (17): **levantarse** to get up
libre free (8)
librería bookstore (22)
ligero light (21)
llamada call (25)
llegar to arrive (1)

lleno full (5)
llevar to take (4), to carry
llover (ue) to rain (26)

luego then (4); **hasta luego** so long (10)
lugar *m.* place (4)
lujo luxury (22)
lujoso luxurious (18)
luz *f.* light (25)

madrileño inhabitant of Madrid (10)
madrugada early morning (before dawn) (23)
maleta suitcase (1)
manera way, manner (2)
máquina machine (18)
marcha: ponerse en marcha to set out (19)
marido husband (1)
medio: en medio de in the middle of (26)
mediodía *m.* noon (13)
mejor better (16); best (27)
menor younger (20)
menos less; **menos de** less (fewer) than (15)
menudo: a menudo often (5)
merienda snack (34)
meter to put, put in (27)
metro subway (34)
mientras while (9)
mismo same (4)
molestia bother, annoyance (18)
mono monkey (11)
mostrador *m.* counter (23)
mozo waiter (6); bellboy
multa summons, fine (11)

noche *f.* night; **mañana por la noche** tomorrow night (24)
noticias *f. pl.* news (25)
nunca never (1)

obra work (7)
olvidar to forget (1)

ordenador *m.*   computer (29)
oso   bear (11)

pagar   to pay (27)
país *m.*   country (1)
pájaro   bird (9)
pantalones *m. pl.*   pants (2)
parador *m.*   inn (19)
paraguas *m. s. & pl.*   umbrella (10)
parar   to stop (19)
parecer   to seem (7);   **¿Qué te parece?**   What do you think? (29)
pareja   couple (8)
parte *f.*   part;   **la mayor parte**   the majority (4)
partir   to depart, leave (1)
pasar   to pass; to spend (time) (15); to happen
pasear(se)   to take a walk, stroll (10)
paseo   walk (22)
pedir (i)   to ask for, to order (14)
película   film, movie (3)
peligroso   dangerous (16)
pensar (ie)   to think;   **pensar** + *inf.* to intend to (4)
perder (ie)   to lose;   **perderse**   to get lost (25)
perdido   lost (17)
permiso: permiso de conducir   driver's license (11)
personaje *m.*   character (in a story) (10)
pie *m.*   foot;   **a pie**   on foot (34)
pintoresco   picturesque (15)
pintura   painting (9)
piso   floor, apartment (27)
placer *m.*   pleasure (10)
plano   map (of a city) (5))
plato   dish, plate (16)
plaza   square (of a city) (5)
portaequipaje *m.*   trunk (of an automobile) (20)
postre *m.*   dessert;   **de postre**   for dessert (14)
precio   price (6)

pregunta   question;   **hacer preguntas**   to ask questions (9)
preocuparse   to worry (11)
prisa: tener prisa   to be in a hurry (4)
propina   tip (4)
proteger   to protect (10)
próximo   next (9)
pueblo   town (13)
puente *m.*   bridge (30)
puerto   port (29)
pues   well, well then (15)

quedarse   to stay, remain (4);   **quedar = estar: El museo no queda lejos**   The museum is not far. (9)
quizá(s)   perhaps (9)

rato: un rato   a while (5)
razón *f.*   reason;   **tener razón**   to be right (10)
recordar (ue)   to remember (4)
recorrer   to travel over, to cover (distance) (19)
refresco   refreshment, soft drink
regalo   gift, present (7)
regresar   to return, go back (6)
reloj *m.*   watch, clock
reunirse   to get together (32)
revista   magazine (2)
río   river (26)
ropa   clothes, clothing (6)
roto   broken (18)
ruido   noise (6)

sacar   to take out (12)
sala   room (9)
saludar   to greet (5)
sed: tener sed   to be thirsty (9)
seguida: en seguida   immediately (4)
seguir (i)   to follow (4), to continue
según   according to (19)
seguro   sure(4)
señal *f.*   sign, signal (13)
sentado   seated, sitting (6)

sentirse (ie, i) to feel (16)
siglo century (13)
siguiente next (16)
simpático nice, pleasant
sitio place, site (5)
solo alone, single (7)
sólo only (9)
sonar (ue) to ring (11)
sorpresa surprise (8)
subir to go up, climb; **subir a +**
vehicle to get into (2)
sucio dirty (19)
sueño: tener sueño to be sleepy (22)
suerte *f.* luck; **tener suerte** to be
lucky (19)
supuesto: por supuesto of course (7)
sur south (9)

tanto so much, so many (9)
tarta cake, pie (27)
taza cup (16)
té *m.* tea (14)
televisor *m.* television set (25)
temprano early (2)
tenderse (ie) to stretch out (3)
tipo type, kind (5)

tocar to touch (21), to play an instru-
ment (25)
toro bull (11)
torre *f.* tower (24)
tratar to treat (9); **tratar de +** *inf.*
to try to (3)

último last (32)
único only (3)

vacío empty (5)
vendedor *m.* salesman (6)
vez *f.* time (1); **otra vez** again (2);
a veces at times (4); **muchas
veces** often
viajar to travel (1)
viaje *m.* trip; **hacer un viaje** to
take a trip (1); **buen viaje** have a
good trip (20)
viejo old (1)
vista view (28)
volar (ue) to fly (2)
voz *f.* voice (23)
vuelo flight (3)
vuelta: dar una vuelta to take a
walk (32)